Lotte Bormuth

Hoffnung wird immer groß geschrieben

francke

Über die Autorin:
Lotte Bormuth ist eine der erfolgreichsten christlichen Autorinnen Deutschlands. In über 80 Buchtiteln spendet sie mit Lebensbildern und eigenen Erlebnissen vielen Menschen Trost, Freude und Glaubensmut. Sie hat fünf Kinder und 15 Enkel und lebt mit ihrem Mann in Marburg.

Bibliografische Information Der Deutschen Bibliothek
Die Deutsche Bibliothek verzeichnet diese Publikation in der Deutschen Nationalbibliografie;
detaillierte bibliografische Daten sind im Internet über http://dnb.ddb.de abrufbar.

ISBN 978-3-86827-293-2

35037 Marburg an der Lahn
Umschlaggestaltung: Verlag der Francke-Buchhandlung GmbH
Christian Heinritz
Umschlagbild: © Dreamstime.com / Lotophagi
Satz: Verlag der Francke-Buchhandlung GmbH
Druck: Bercker Graphischer Betrieb, Kevelaer

www.francke-buch.de

Inhalt

Drei afrikanische Springmäuse

Sehr herzlich wurde ich am Bahnhof einer kleinen Stadt in Mecklenburg-Vorpommern empfangen. Ein Herr in mittleren Jahren nahm mir gleich meine beiden schweren Koffer ab. Telefonisch hatte er mich vor einem Dreivierteljahr eingeladen, ich möchte doch für vier Tage in seiner Gemeinde Vorträge, ein Frauenfrühstück, eine Autorenlesung und einen Gottesdienst halten. Wir verließen das Bahnhofsgebäude und fuhren zu Herrn Müllers Wohnung. „Sie können in meinem Bett schlafen, und ich ziehe ins Wohnzimmer um." Etwas erstaunt schaute ich mir meine neue Bleibe an. Der Raum glich mehr einer Waschküche als einem Schlafzimmer. Auf einem Ständer hingen Unterhosen, Strümpfe, Pullover und Hemden. Sie waren zum Trocknen angeklammert. Über der Heizung lag eine tropfnasse Jeans.

„Ach ja, ich wollte eigentlich Ihr Zimmer noch herrichten, bevor Sie kommen, aber nun habe ich es doch nicht geschafft. Das Leben ist ein einziger Stress", entschuldigte er sich. „Sie werden sich doch nicht an der Wäsche stören? Im Sommer habe ich draußen im Garten eine Leine gespannt, aber im Winter ist es mit dem Trocknen schwieriger. Da muss eben das Zimmer herhalten. Legen Sie Ihren Mantel ab und kommen Sie dann ins Wohnzimmer. Sie müssen sich erst einmal von der langen Reise ausruhen."

Ich folgte seiner Einladung. Aber auf welchen Platz hätte ich mich hier setzen sollen? Es gab keinen Stuhl oder Sessel, auf dem nicht schon ein Berg von Wäsche lag. Kurzerhand nahm er einen großen Packen von der Couch und warf ihn in die Ecke, wo schon Bettzeug, Handtücher und Schlafanzüge lagen. Der Wäscheberg wurde immer größer. Ich sah seine Misere und bot ihm zugleich an, ihm beim Bügeln zu helfen, aber er lehnte ab. „Nein, das ist wirklich nicht nötig. Ich bin nämlich Weltmeister im Bügeln", lobte er sich.

„So, nun wollen wir aber erst einmal Ihre Vortragstätigkeit besprechen", setzte er das Gespräch fort. „Heute haben Sie frei. Die Autorenlesung, die morgen stattfinden sollte, muss leider wegen Terminschwierigkeiten ausfallen. Für den Samstagabend bemühe ich mich noch, einen Gemeindeabend zu arrangieren, und am Sonntag halten Sie uns die Predigt im Gottesdienst. Der Pastor war erst ein wenig ungehalten, dass Ihr Mann nicht mitgekommen ist und er die Predigt hält, aber schließlich hatte er auch nichts dagegen, wenn eine Frau auf die Kanzel steigt. Ich freue mich, ja, ich freue mich so sehr über Ihren Besuch."

Wo bin ich hier nur hingeraten, dachte ich im Stillen. Jetzt habe ich mir extra diese vier Tage freigehalten, mich auf verschiedene Themen vorbereitet und die weite Reise gemacht, ohne dass ich recht eingesetzt werde. Vier Tage habe ich fast nichts zu tun, und zu Hause wartet ein Berg Arbeit auf mich. Wer mein Arbeitspensum kennt, wird meinen Ärger verstehen. Am liebsten hätte ich mit meinem Gastgeber Tacheles geredet, aber meine Höflichkeit verbot es mir. So hielt ich meinen Mund und wartete auf die Dinge, die da kommen sollten. Ich ging in mein Zimmer und versuchte, mich ein wenig einzurichten. Da es weder Stuhl noch einen Tisch gab und zudem die Heizung defekt war, holte ich mir mein Buch aus der Tasche und legte mich ins Bett. So blieb ich wenigstens warm. Gegen ein Uhr verspürte ich Hunger und ging in die Küche.

„Ach ja, es ist bald Mittag. Was soll ich denn kochen? Essen Sie Pilze?“ Ich nickte. Mir war alles recht, wenn ich nur meinen hungrigen Magen beschwichtigen konnte. Er meldete sich schon recht heftig und knurrte nicht gerade leise. An diesem Tag hatte ich schon im Morgengrauen gefrühstückt, ehe ich die lange Reise antrat.

Die Küche hätte ich eigentlich malen müssen. Sie wäre es wert gewesen, so kurios war der Anblick. Überall auf den Schränken stapelte sich schmutziges Geschirr. Teller, Tassen und Töpfe waren im Spülbecken eingeweicht. Das Spülwasser mit seinen Fettaugen ließ mir ein Gefühl des Ekels hochkommen. Mein Gastgeber lachte nur, als er mein besorgtes Gesicht sah.

„Ich bin Single, müssen Sie wissen, aber gleich habe ich alles im Griff“, beruhigte er mich. „Bevor ich die Pilze in die Mikrowelle stelle, werde ich uns erst mal ein paar Teller abwaschen. Der Schrank ist nämlich leer.

Übrigens, haben Sie schon meine drei Mitbewohner kennengelernt? Ich muss Sie Ihnen gleich einmal vorstellen.“

Er führte mich an einen Käfig, in dem drei afrikanische Springmäuse ihr lustiges Spiel trieben: zwei schwarze und eine braune. Letztere sei eine Fehlzüchtung, denn eigentlich gäbe es keine braunen Mäuse, klärte mich mein Gastgeber auf. Die Tierchen sprangen vergnügt in den Hobelspänen herum und tummelten sich in einem Rad. Ihre Schwänze waren riesig lang. Geschickt steuerten sie damit ihre Turnübungen.

Wer meine Angst vor Mäusen und Ratten kennt, wird verstehen, dass ich von diesen niedlichen Tierchen nicht gerade begeistert war. „Sie dürfen meine lustigen Freunde gerne mal in die Hand nehmen und mit ihnen spielen. Sie werden Ihre wahre Freude daran haben. Aber zunächst will ich Ihnen die Kunststückchen vorführen, die ich meinen kleinen Lieblingen beigebracht habe. Sie werden staunen."

Aus dem Kühlschrank holte Herr Müller ein Stück Käse. „Passen Sie auf, Frau Bormuth! Ich lege den Käse auf die Tischkante und setze die Mäuse auf den Fußboden. Sie schnuppern zuerst einmal nach rechts, dann nach links, heben ihre Köpfchen und schwupps springen sie mit einem mächtigen

Satz auf den Tisch. Meine Mäuschen sind so gut dressiert, ich könnte mit ihnen in einem Kleintierzoo auftreten. Ich habe noch mehr Turnübungen, die ich Ihnen zeigen könnte. Hier, nehmen Sie mal die Tierchen auf Ihren Arm. Ich muss noch etwas für meine Darbietungen vorbereiten."

„Bitte, setzen Sie Ihre Zirkusakrobaten wieder in ihren Käfig. Ich sterbe noch vor Angst, denn sie könnten ja auch mich anspringen, und vor diesem Schrei möchte ich Sie bewahren, sonst laufen noch die andern Hausbewohner zusammen und holen die Polizei." Ich hatte Glück. Die Mäuschen kamen wieder in ihren Käfig zurück, und nun konnte die Kocherei beginnen. Nach zwei Minuten standen die in der Mikrowelle erwärmten Pilze auf dem Tisch.

Bevor wir uns die Mahlzeit schmecken ließen, sprach mein Gastgeber noch ein Gebet. Es rührte mein Herz: „Lieber Gott, wie soll ich dir bloß danken, dass ich heute nicht allein am Tisch sitzen muss. Du hast mir einen lieben Gast geschenkt. Ich danke dir für Frau Bormuth." Da wurde mir bewusst, wie schwer Einsamkeit und Verlassenheit zu durchstehen sind. Herr Müllers Ehe war vor einem halben Jahr geschieden worden. Das Sorgerecht für die Kinder hatte seine Frau erhalten. Seit fünf Monaten hatte er seine drei Buben nicht gesehen. Das schmerzte ihn sehr. Scheidung bedeutet, Schmerz und Angst ertragen zu müssen. Hinzu kommen Ärger und Wut. Mich hatte die Trostlosigkeit dieses Mannes sehr gepackt. Ich verstand nun besser, warum alles in dieser Wohnung so chaotisch aussah. Dieser Mensch fühlte sich ohne seine Frau völlig hilflos, wie amputiert. Er hätte eine liebende, ordnende Hand gebraucht. Sein Zustand war bedrückend und überaus traurig. Fast gewann ich den Eindruck, dass sein Hund, der draußen im Hof an der Kette lag, das Elend seines Herrchens mit durchlitt, denn Napoleon – so hieß sein Hund – jaulte oft erbärmlich. Die Einzigen, die hier im Haus fröhlich waren, waren die drei afrikanischen Springmäuse, die fröhlich, ja ausgelassen in der Küche über Tisch und Bänke hüpften. Ihre Lebenslust kannte wirklich keine Grenzen.

Aber es gab noch einen Anlass, über den sich auch Herr Müller freuen konnte. Dieser ereignete sich fast ohne mein Zutun, jedenfalls dachte ich das. Aber Herr Müller sah dies ganz anders. Er hatte ein Computergeschäft, das mehr schlecht als recht lief. Das hing vielleicht damit zusammen, dass Herr Müller, so oft er Lust dazu hatte, in sein Auto stieg und seine Kumpels besuchte, mit denen er unbedingt reden musste, wie er mir sagte. Kommunikation sei doch das Wichtigste in unserer heutigen Zeit. An seinem Schaufenster hing dann ein Schild mit der Aufschrift: Closed! Geschlossen! Standen Kunden vor der Tür, dann mussten sie unverrichteter Dinge wieder gehen. Ich nahm mich der Sache an und ließ die Leute trotz Herrn Müllers Abwesenheit einfach in den Laden eintreten. Ja, ich versuchte freundlich mit ihnen zu reden und bat sie, doch etwas Geduld zu haben und zu warten. Herr Müller würde sicher gleich wieder da sein. Meine Taktik hatte Erfolg. Freudestrahlend erzählte mir Herr Müller am Abend: „Frau Bormuth, seit Sie in meinem Hause sind, ist eine Glückssträhne für mich angebrochen. Ich habe heute zwei Computer und einen Bildschirm verkauft. Noch nie hatte ich so viel Geld seit der Geschäftseröffnung in der Kasse. Mit Ihnen ist der Segen unter mein Dach gekommen. Ich freue mich, ich freue mich!“ Freuen konnte ich mich nicht, nur wundern. Vielleicht war meine Reise nach Mecklenburg-Vorpommern doch nicht so erfolglos, wie ich es empfand. Ein Zitat Martin Luthers kam mir in den Sinn: „Einen traurigen, verzagten Menschen fröhlich zu machen ist mehr, als ein Königreich zu erobern.“ Ob ich wohl eins erobert habe?

Wie in einem Krimi, aber wahr

War das eine stürmische Begrüßung! Ich verlor fast meinen Halt dabei. Und das auf der Beerdigung eines nahen Freundes. Was mögen wohl die andern Trauergäste gedacht haben? Mir war die herzliche Begrüßung aber gar nicht peinlich. Im Gegenteil, ich freute mich mächtig, Carsten Kobilka (Name wurde geändert) nach so langer Zeit wieder zu sehen. Ich wurde an unsere erste Begegnung erinnert, und diese war alles andere als erfreulich gewesen. Aber ich will von Anfang an erzählen.

An einem kalten Wintertag herrschte in unserer kleinen Stadt helle Aufregung. In den Schlagzeilen berichtete die Zeitung von einer dreisten, verbrecherischen Tat. Ein Erpresser hatte einem Fabrikanten eine Nachricht zugestellt, er würde seine zwei Kinder umbringen, wenn nicht binnen zwei Tagen eine hohe Summe Geld an einem bestimmten Platz hinterlegt werden würde. Falls er die Polizei einschaltete, würde den Kindern der schnelle Tod drohen. Die Kripo war der festen Meinung, dass sie diesem Mann wohl bald auf die Spur kommen würde, denn die Drohung ließ nicht auf einen hartgesottenen Verbrecher schließen. Dazu war die Geldübergabe viel zu stümperhaft arrangiert. Die Bevölkerung solle Ruhe bewahren. Bald würde sich der Briefschreiber im Netz der Ermittlungen verfangen.

Aber es kam ganz anders. Über mehr als zwei Wochen trieb der Erpresser sein böses Spiel. Die Schlagzeilen der Tageszeitung verbreiteten immer größere Angst. Viele Mütter ließen ihre Kinder nicht mehr unbeaufsichtigt im Schnee spielen. Bei anbrechender Dunkelheit wurden die Schlittschuhläufer von der Eisbahn nach Hause geholt. Die Türen wurden fest verschlossen und die Rollläden heruntergelassen. In den Geschäften war nur noch von dem Erpresser die Rede, und die Bevölkerung geriet in Wut, weil die Fahndung bisher ohne Erfolg geblieben war. Zweimal war eine Geldübergabe telefonisch vereinbart worden, und beide Male konnte der Erpresser mit dem Geld entkommen. Er muss sich dabei aber die Hände rot gefärbt haben, denn die Scheine waren mit Farbstoff präpariert worden. Seine Drohbriefe, die bei dem Fabrikanten eingingen, wurden immer aggressiver. Nun war ein neuer Übergabetermin festgelegt worden. Diesmal sollte der Ganove den Hütern des Gesetzes nicht entkommen. In die Nähe der vereinbarten Stelle wurde ein beheizbarer Bauwagen gefahren, denn es war bitterkalt. Minus zwanzig Grad zeigte das Thermometer an. Zwei Polizisten hatten sich schon Erfrierungen an den Ohren und Händen zugezogen. Spezialisten hatten vom Bauwagen bis zu dem Paket mit dem Geld eine elektrische Leitung gelegt. Wurde das Bündel berührt, so ertönte im Innern des Bauwagens ein Summton. Das war das Zeichen für den polizeilichen Zugriff. In einer Nacht war es dann so weit. Gegen drei Uhr erklang der Ton. Die Polizisten stürmten ins Freie. Sie ließen Leuchtkugeln aufsteigen, sodass es taghell wurde. Sie suchten das Gelände ab, konnten aber den Erpresser nicht entdecken. Jedes Mal, wenn eine Leuchtrakete gen Himmel flog, warf sich der Verbrecher in den Schnee. Wurde es wieder dunkel, dann lief er kreuz und quer wie ein Hase über Wiesen und Äcker Richtung Dorf. Wieder war es dem Erpresser gelungen zu entkommen. Die Polizisten waren niedergeschlagen und erbost zugleich.

Es war die reinste Blamage. Wie würde die Bevölkerung reagieren, wenn sie am nächsten Tag die Zeitung aufschlagen würde? Die Journalisten sind wie Geier. Sie würden sich auf die neuesten Ereignisse stürzen und aufreizende Schlagzeilen formulieren.

Aber diesmal hatte der Gejagte Spuren hinterlassen. An einem Weidezaun war ein Stück seines gestrickten Pullovers hängen geblieben. Aus den Abdrücken im Schnee war seine Größe festzustellen. Auch die Schuhsohlen hatten ihr Profil hinterlassen. Bis ins Dorf hinein konnte man ihre Spuren verfolgen. Dann aber muss der Mann seine Schuhe ausgezogen haben und in Strümpfen weitergelaufen sein. Hinter einer Mistgrube verloren sich die Abdrücke schließlich gänzlich. Die Kriminalisten schlossen daraus, dass es sich um einen Dorfbewohner handeln müsste, denn er kannte sich sehr gut im Gelände aus.

Alle männlichen Personen mussten am folgenden Tag auf dem Bürgermeisteramt erscheinen. Sie mussten Schriftproben abgeben und wurden gemessen. Als Herr Kobilka an der Reihe war, machte er sich durch seine Nervosität verdächtig. Auch seine Schriftzüge waren mit denen auf dem Erpresserbrief identisch. Sofort wurde eine Hausdurchsuchung angeordnet. Im Keller seines Hauses fanden die Beamten den blauen zerrissenen Pullover und seine Stiefel. Außerdem wurde noch der Stift sichergestellt, mit dem das Erpresserschreiben verfasst worden war. Als Herr Kobilka in Handschellen abgeführt wurde, ergoss sich über ihn eine Welle von Wut und Empörung. Die Bauern waren entsetzt, dass in ihrem friedlichen Dorf ein Erpresser sein Unwesen trieb.

Es folgte die Untersuchungshaft und anschließend der Gerichtsprozess. Der Zweiundzwanzigjährige wurde zu einer mehrjährigen Gefängnisstrafe verurteilt. Da keine Fluchtgefahr bestand, wurde er wieder auf freien Fuß gesetzt, damit er auf dem bäuerlichen Anwesen noch die Ernte einbringen konnte. Für Herrn Kobilka war diese Zeit zu Hause wie ein Spießrutenlauf. Kam er in den Laden und wollte sich Zigaretten holen, dann spürte er die Feindseligkeiten der Dorfbewohner. Sie spuckten auf der Straße vor ihm aus oder wechselten auf die andere Seite des Bürgersteigs. Er wurde geächtet und gemieden. Nur ein Bauer machte eine

Ausnahme. Johannes Born (Name wurde geändert) war Christ. Er erkannte, dass der junge Mann in seiner äußerst bedrückenden Situation unbedingt Hilfe brauchte. So suchte er ihn hin und wieder auf seinem Hof auf und hielt den Kontakt zu ihm. Die anderen Bauern im Dorf verstanden dieses Verhalten nicht und bezichtigten ihn der Kumpanei mit einem Verbrecher. Aber Johannes ließ sich in seinem Handeln nicht vom Gerede der Leute beeinflussen, sondern stand zu Carsten, ja er borgte ihm sogar seinen Trecker, damit er die Ernte noch vor dem großen Regen einbringen konnte.

Johannes war unser Freund und gehörte zu unserm Hausbibelkreis. Beim Militär hatte er einen Soldaten kennengelernt, der ihn durch sein Verhalten und sein klares Christuszeugnis beeindruckt hatte. Dieser nahm ihn auch in Gottesdienste und in christliche Jugendveranstaltungen mit. Er las mit Johannes die Bibel, und so wurde dieser von Jesus überzeugt und trat in die Nachfolge Christi ein. In seinem kleinen Heimatort rumorte es, als bekannt wurde, dass Johannes nun zu den Frommen gehörte. Aber man musste ihm zugestehen, dass sein Glaube echt war, denn sein Verhalten war vorbildlich. Er setzte sich für die andern Bauern ein, wenn Not am Mann war. So kümmerte er sich auch um Carsten. Eines Abends nahm Johannes meinen Mann vor dem Nachhausegehen zur Seite und tuschelte eine Weile mit ihm. Über die Neuigkeit, die mir mein Mann vor dem Schlafengehen überbrachte, war ich nicht erbaut: „Lotte, das nächste Mal bringt Johannes den Erpresser mit in den Bibelkreis." Ich war empört: „Wie kannst du nur so etwas zulassen? Wir haben zwei Kinder. Sie sind in Gefahr. Karl Heinz, du hättest nein sagen müssen. Hier muss deine Gastfreundschaft eine Grenze haben."

„Lotte", nahm mich mein Mann in seine Arme, „wenn wir Christen nicht unser Haus für einen solchen Menschen öffnen, wer soll es dann tun? Johannes hat mir erzählt, wie die übrigen Dorfbewohner mit ihm umgehen. Dem Erpresser muss geholfen werden."

Ich schwieg. Am Tag, an dem wir uns zum Beten und Bibellesen versammeln wollten, räumte ich das Spielzeug, die Anoraks, die Bücher unserer Kinder in das obere Stockwerk und das Dreirad und den Roller in den Keller. Die Kinderschuhe und Gummistiefel verschwanden auf der Treppe. Der Erpresser durfte nicht merken, dass wir zwei kleine Kinder hatten, überlegte ich.

Carsten kam in unseren Hauskreis. Etwas ängstlich schaute er sich um. Als er aber die netten und fröhlichen jungen Mädchen und Männer sah, war seine Scheu verflogen. Keiner der anderen Teilnehmer ahnte, wen wir in unserer Mitte hatten. Johannes hatte ihn als seinen Freund vorgestellt, und das war er ja auch. Vom Evangelium hatte Carsten überhaupt keine Ahnung. Uta, unsere Untermieterin, half ihm, das Lukasevangelium aufzuschlagen. Die Geschichte vom verlorenen Sohn hatte er wohl noch nie in seinem Leben gehört. Jeden Donnerstag nun empfingen wir Carsten als unseren Gast. Wir luden ihn auch zu unseren Festen ein, und sonntags kam er oft zu uns. Auch am Silvesterabend, den wir mit einigen Lehrern aus der Schule meines Mannes feierten, saß er mit in der Runde. Ihn überraschte es, dass man auch ohne Alkohol so schön Feste feiern konnte. An dieser Stelle möchte ich erwähnen, dass wir zum Blauen Kreuz gehören, einer Einrichtung, die sich um Suchtgefährdete kümmert.

Am dritten Januar gratulierte mir Carsten zu meinem 28. Geburtstag und saß neben mir an der großen Geburtstagstafel. Als alle anderen Gäste gegangen waren, unterhielten wir uns noch lange mit ihm, aber seinen Konflikt sprachen wir nicht an. Mein Mann und ich beteten fast jeden Tag für ihn. Uns war klar, dass wir viel Geduld und Verständnis für seine Lage aufbringen mussten. Wir wollten es Gott überlassen, dass er uns im Umgang mit Carsten Weisheit schenken würde.

Dann kam der sechste Januar. An diesem Abend waren wir überrascht, als Carsten an unserer Tür läutete. Wir baten ihn ins Wohnzimmer. Er machte einen bedrückten und nachdenklichen Eindruck und schwieg lange. Dann quälten sich seine Worte mühsam über die Lippen: „Ich fahre morgen früh nach Kassel-Wehlheiden."

„Ja, Carsten, das wird ein schwerer Gang für Sie werden." Wir gaben ihm zu verstehen, dass wir seine Situation kannten.

„Ich habe mir heute eine Bibel gekauft." Er zog sie aus seiner Tasche. „Ich habe Angst, schreckliche Angst. Wie soll ich diese Zeit überstehen?"

„Wir werden Sie besuchen. Mindestens jeden Monat kommen wir zu Ihnen“, versprachen wir.

„Ob Ihnen dies erlaubt sein wird?“

„Aber sicher, wir werden uns einen Seelsorgeausweis besorgen. Dann können wir oft zu Ihnen kommen.“

„Ist das wahr?“

„Aber klar! Der Gefängnispfarrer ist mein Studienkollege. Dies erleichtert die Situation“, klärte mein Mann ihn auf.

„Sie werden mich nicht vergessen?“

„Wir wollen unser Versprechen einhalten. Sie sind doch unser Freund.“

„Was mache ich bloß mit der Bibel? Ich weiß gar nicht, wie man mit solch einem Buch umgeht.“

Ich holte ihm meinen Bibelleseplan, schlug die angegebenen Stellen auf, zeigte ihm, wo er das Alte und Neue Testament finden konnte, und legte ihm eine Spruchkarte in die Seite, auf der er die Lesung für den heutigen Tag finden würde.

„Jesus wird mit Ihnen in Ihre Zelle gehen, dessen dürfen Sie gewiss sein.“

Etwas ratlos schaute er mich an. Damit hatte ich ihm wohl zu viel zugemutet. Er war bisher ganz ohne Gott aufgewachsen, und doch war er von einem tiefen Sehnen nach Geborgenheit und innerem Frieden erfasst. An diesem Abend brachte er das Gespräch auch auf sein Vergehen. Wir versuchten ihn zu trösten und erklärten ihm, dass Jesus gerade für die schuldig Gewordenen gekommen ist.

„Wir leben auch jeden Tag von der Vergebung", stellten wir uns auf seine Seite.

Er horchte auf und nahm jeden Satz des Gesprächs auf wie ein trockener Schwamm das Wasser. Es wurde ein langer Abend, und wir versuchten, ihm das ABC des Glaubens beizubringen.

„Ist es Ihnen recht, wenn wir als Abschluss unseres Gesprächs noch ein Gebet mit Ihnen sprechen?"

Er nickte und legte seine großen, schwieligen Hände ineinander.

„Gehen Sie mit Gott!", drückte ihm mein Mann die Hand.

„Ja, mit Gott!", pflichtete ich ihm bei.

Wir entließen ihn in die Nacht – im doppelten Sinn, denn in seinem Innern kämpfte er gegen eine schreckliche Niedergeschlagenheit, und draußen war es stockfinster –, aber wir hatten ihn doch der Gnade Gottes anvertraut.

Vierzehn Tage später fuhren wir zum ersten Mal nach Kassel-Wehlheiden und suchten nach der längsten Straße, von der man sagt, dass so mancher sie zwar entlanggegangen ist, aber nie mehr zurückgefunden hat. Ein eigenartiges Gefühl beschlich mich, als ich zum ersten Mal vor dem riesengroßen Eisentor des Gefängnisses stand. Wir klingelten, wurden in ein Büro gebracht, zeigten unsere Pässe und wurden dann auf unseren Wunsch hin zum Gefängnisgeistlichen geführt. Eine herzliche Begrüßung folgte, denn seit dem Staatsexamen hatte mein Mann seinen Studienkollegen nicht mehr gesehen. Natürlich gestattete er uns, Carsten zu besuchen. „Ich bin froh über jeden, der mir Arbeit abnimmt, denn bei der großen Zahl der Gefangenen ist es fast unmöglich, dass ich meine Aufgabe bewältigen kann", erklärte er uns. Der Pfarrer schloss uns sein Sprechzimmer auf, und kurz darauf brachte ein Aufseher unseren Freund.

„Wie gut, dass Sie gekommen sind. Es ist schwer, hier in der engen Zelle zu sitzen, wenn man durch seinen Beruf als Bauer die Freiheit und die frische Luft gewöhnt ist. Manchmal denke ich, dass ich die Jahre kaum durchhalten kann. Es ist entsetzlich. Am schlimmsten ist der Abend. Nach dem Essen werden wir eingeschlossen, und dann beginnt die große Langeweile. Trist und öde ist es hier. Was habe ich mir nur aufgeladen! Ich werde hier in diesen Mauern vergammeln. Am Tag geht es besser. Ich bin einer Gruppe Männern zugeteilt, die den Park aufräumt und Bäume fällt. Übrigens, vielen Dank für den Abreißkalender, den Sie mir zugeschickt haben. Aber ich muss Ihnen gestehen, dass ich ihn gleich verschenkt habe. Einer meiner Mitgefangenen hat vorige Woche beim Sträucherschneiden einen epileptischen Anfall erlitten. Er lag auf dem Boden und hatte schreckliche Krämpfe. Am ganzen Leib hat er gezittert und war überhaupt nicht ansprechbar. Ich hatte so etwas zuvor noch nie gesehen. Ich dachte, er müsste sterben. Am Abend habe ich ihm dann den Kalender gegeben, weil ich Angst hatte, er könnte schnell sterben. Da sollte er doch wenigstens vorher etwas über Gott lesen. Ist es schlimm, dass ich Ihr Geschenk weggegeben habe?"

„Nein, gar nicht. Wenn ich zu Hause bin,

schicke ich Ihnen ein ganzes Bücherpaket. Der Pfarrer wird es Ihnen aushändigen. Dann können Sie abends gute Bücher lesen, und die Langeweile wird Sie nicht mehr so plagen", beruhigte ich ihn.

Ungefähr eine Stunde unterhielten wir uns. Carsten erzählte uns alles Wissenswerte über seine Mitgefangenen, seine Zeit in der Zelle, und wir überbrachten ihm die Neuigkeiten aus seinem Dorf. Dann lasen wir noch die Geschichte von der Ehebrecherin, die von den Pharisäern zu Jesus gebracht wird, dass er über sie zu Gericht sitze. In Johannes 8,3-11 wird uns davon berichtet. Ich weiß noch genau meinen ersten Satz, den ich nach dem Lesen des Textes sagte: „Vor Jesus sitzen wir alle im gleichen Boot und sind vor ihm schuldig, egal, ob wir mit dem bürgerlichen Gesetzbuch in Konflikt geraten sind oder nicht. Die Vergebung brauchen wir alle." Plötzlich stand die Frage Jesu im Raum, die er an die Ehebrecherin richtet: „Wo sind deine Verkläger? Hat dich keiner verdammt? So verdamme ich dich auch nicht; gehe hin und sündige hinfort nicht mehr!"

Ich hatte den Eindruck, hier nimmt ein

Mensch das Evangelium gerne an. Dann sprachen wir noch ein Gebet für Carsten.

Wie im Nu waren die zwei Stunden vorbeigegangen. Wir klingelten, damit die Tür wieder aufgeschlossen werde. Der Abschied fiel Carsten nicht leicht. Wir konnten wieder in die Freiheit gehen, und er blieb hinter diesen dicken Mauern zurück. Aber wir versprachen ihm, bald wieder zu kommen, und haben dieses Versprechen über Jahre hinweg auch eingehalten. Wir planten feste Besuchszeiten ein, so wie wir auch die Kindergeburtstage, Ferien und Feste in den Kalender schrieben.

Im Diakonissenmutterhaus, dem späteren Arbeitsplatz meines Mannes, erzählte ich von unserem Besuch in der Justizvollzugsanstalt und gewann Beter für Carsten. Einige Schwestern begannen auch, Wollsocken zu stricken, und für Weihnachten konnte ich ein wunderschönes Paket herrichten, durch das dann auch die anderen Zellengenossen erfreut werden konnten. Fast regelmäßig schickte ich auch Bücher ins Zuchthaus, denn die Gefangenen brauchten gute Literatur, die Zeugnis von Jesus gab.

Über mehrere Jahre fuhren wir regelmäßig

nach Kassel. Gott hatte uns diese Aufgabe aufs Herz gelegt.

Ungefähr ein halbes Jahr vor seiner Entlassung bekam Carsten Hafturlaub. So langsam sollte er sich wieder an die Freiheit gewöhnen. In unserem Ort fand gerade eine Zeltevangelisation statt. Wir luden Carsten dazu ein. Nach dem Abendvortrag standen wir noch am Ausgang des Zeltes und unterhielten uns über die soeben gehörte Predigt.

„Carsten, Sie sollten ganze Sache mit Jesus machen und ihm Ihr Leben anvertrauen", ermunterte ich ihn.

„Ach was", entgegnete er resigniert, „bei mir hat dies doch keinen Zweck. Ich halte nicht durch. Sie wissen ja, Frau Bormuth, wer ich bin. Warum soll ich da überhaupt erst anfangen?"

„Wir halten alle nicht durch", wandte ich ein. „Wir sind wankelmütige, trotzige und verzagte Menschen. Wenn Jesus uns nicht durchbringt, erreichen wir alle nicht das Ziel. Aber der Herr hat es uns versprochen, dass er keinen auf halbem Wege liegen lässt, sondern uns fest bei unserer Hand nimmt und das Werk vollendet, das er angefangen hat. Darauf dürfen auch Sie vertrauen."

Carsten wurde ganz still. Meine Antwort bewegte seine Gedanken. Nach kurzem Überlegen gab er mir recht. „Ja, Frau Bormuth, ich will mit Jesus über meine Schuld reden. Er soll der Herr über mein Leben werden, ich will in seine Nachfolge treten. Er kann mit mir machen, was er will."

Das war ein mutiges Wort und ein ernster Entschluss. Ich begleitete Carsten wieder zurück ins Zelt und führte ihn zu einem Seelsorger. Was Carsten an diesem Abend vor Gott ausgebreitet hat, mag für immer sein Geheimnis bleiben. Ich empfand nur eine große Freude über seine Bereitschaft, aufrichtig vor seinem Herrn zu werden. Während des Gesprächs stand ich draußen an einen Baum gelehnt und konnte das Wunder lange nicht begreifen. Jetzt, da Gott meine Gebete erhört hatte, blieb mir nur das Staunen. So fröhlich hatte ich wohl noch nie in einem Auto gesessen, als wir mit Carsten wieder nach Hause fuhren. Fest drückte ich ihm beim Abschied die Hand.

In dieser Nacht konnte ich lange nicht einschlafen, so war mein Herz von Dank und Jubel erfüllt. Ich wusste, dass Carsten wieder zurück ins Zuchthaus musste. Seine Strafzeit hatte er noch nicht ganz abgesessen, aber er würde nun als ein Mensch in seine Zelle gehen, der mit Gott ausgesöhnt war. Seinen Mitgefangenen würde er von Jesus weitererzählen.

Und so geschah es auch.

Gott hatte ihm die Kraft zu einem frohen Zeugnis gegeben. Jeden Abend las er denen, die es hören wollten, den Abreißkalender vor und sprach ein kurzes Abendgebet. Seine Kumpels fragten ihn bei der Arbeit im Park, wieso er sich denn so verändert habe. „Das macht Jesus", war seine Antwort. „Im Zelt hat er mit mir geredet und mich zu sich gerufen, und ich bin ihm gefolgt. Nun ist er mein Herr!"

Die Zeit seiner Entlassung rückte näher. Er kehrte wieder in seinen Heimatort zurück und wollte neu anfangen. Aber dies wurde ihm sehr schwer gemacht. Noch immer war der Zorn der Dorfbewohner auf ihn sehr groß. Nie hätte ich so viel Hass und Verachtung für möglich gehalten. Nur Johannes stand ihm bei.

Eines Tages bekam ich einen Brief von Carsten. Er war in Düsseldorf abgestempelt. Darin hieß es:

Liebe Frau Bormuth!
Das Leben in W. wird mir zur Hölle gemacht. Ich konnte es nicht länger aushalten. Deshalb habe ich alles verlassen. Ich habe mir meinen Rucksack gepackt und bin nach Düsseldorf zu einem Freund gefahren. Da bleibe ich noch bis Ende der Woche und werde dann nach Hamburg reisen. Ich habe schon immer Lust auf ein Abenteuer gehabt. Und so werde ich versuchen, mich von einem Schiff anheuern zu lassen. Dann steht mir die ganze weite Welt offen und ich muss nicht in diesem elenden Kaff versauern, wo mich doch jeder verachtet und anmacht. Ich werde Sie über mein weiteres Ergehen informieren und Ihnen auch von anderen Ländern einen Kartengruß zukommen lassen. Herzlich danke ich Ihnen für alle Hilfe und Liebe, die Sie mir entgegengebracht haben. Ich werde immer an Sie denken!
Ganz liebe Grüße, Ihr Carsten.

Ich war über diese Zeilen entsetzt. Angst packte mich. Wenn ein Mensch so jung im Glauben steht, ist die Gefahr groß, dass er in einer gottlosen Umgebung Schiffbruch erleidet. Ich überlegte und handelte.

In Düsseldorf kannte ich eine tüchtige Diakonisse. Sie arbeitete als Gemeindeschwester. Ich griff zum Hörer: „Schwester Sonja, ich habe ein großes Anliegen an Sie. Bitte helfen Sie mir. In der Berliner Straße 45 wohnt zur Zeit ein Carsten Kobilka. Nehmen Sie sich auf unsere Kosten ein Taxi, fahren Sie zu ihm, sagen Sie ihm, Sie kämen in meinem Auftrag. Er möchte doch umgehend nach Marburg kommen. Wir erwarten ihn noch heute. Am besten packen Sie ihn gleich ins Taxi, fahren mit zur Bahn, kaufen Sie ihm eine Fahrkarte und setzen ihn in den Zug Richtung Marburg. Ich erstatte Ihnen alle Ausgaben."

Schwester Sonja war eine tatkräftige, mutige Frau und setzte sich sofort in Bewegung. Abends gegen halb acht Uhr stand Carsten an unserer Haustür. Er wirkte etwas enttäuscht, dass ich seinen Träumen so schnell ein Ende gesetzt hatte. Blass und schmal stand er im Flur. Er hielt seinen Rucksack, in dem nur ein paar alte dreckige Hemden und Hosen waren, in seinen Händen. Wir empfingen ihn freundlich und ich kochte erst einmal etwas zum Essen: Pommes frites, Hähnchenschenkel und Gurkensalat.

Es war eine Freude, ihm beim Essen zuzusehen. Wahrscheinlich hatte er den ganzen Tag noch nichts Richtiges gegessen. Dann setzten wir uns ins Wohnzimmer. „Carsten, Sie bleiben erst mal bei uns. Auf keinen Fall fahren Sie nach Hamburg. Sie sind Landwirt und müssen bei der Scholle bleiben. Wir werden für Sie nach einer geeigneten Arbeit suchen. Sicher hat Jesus schon einen guten Platz für Sie bereit. Wir verstehen, dass Sie nicht länger bei Ihrem Verwandten auf dem Hof bleiben können. Wir hatten schon lange den Eindruck, dass er Sie bloß ausnutzt. Er hat Sie noch nicht einmal in der Krankenkasse versichert. Bis wir Ihren weiteren Verbleib geregelt haben, sind Sie unser Gast. Sie werden hier im Wohnzimmer schlafen. Auf der Couch richte ich Ihnen ein Bett." Carsten war wirklich sehr müde, und so schlossen wir den Abend mit einem Gebet ab.

Ich lag in meinen Kissen und konnte lange nicht einschlafen. Würde ich Arbeit finden, eine Arbeit, die ihm auch zusagt? Dann aber überwältigte mich doch der Schlaf. Am nächsten Morgen sorgte ich erst einmal dafür, dass Carsten Kleidung bekam. Ich rief Freunde an, von denen ich wusste, dass sie seine Größe hatten. Sie waren bereit zu helfen. Ich bekam wirklich alles, was der junge Mann brauchte: Hemden, Hosen, Jacken, Schlafanzüge, Schuhe und Strümpfe.

Die zweite Aufgabe war deutlich schwieriger. Da ich aber einflussreiche Leute kannte, von denen ich Hilfe erwarten konnte, ließ ich mich nicht entmutigen. Nach zehn Tagen hatte ich für unseren Freund eine Arbeitsstelle auf einem Gut gefunden. Er bekam dort Kost und Logis, und auch die Entlohnung war angemessen. Zum Ersten des nächsten Monats konnte er dort als landwirtschaftlicher Arbeiter seinen Dienst antreten. So blieben ihm noch ein paar Tage, um sich auszuruhen und sich mit seiner neuen Umgebung vertraut zu machen. Sein neuer Wohnort lag nicht allzu weit von uns entfernt. Seine freien Tage und seinen Urlaub könne er bei uns verbringen, boten wir ihm an. Ich nutzte die verbleibende Zeit, brachte seine Kleidung in Ordnung, und dann fuhren wir Carsten mit dem Auto auf das Gut. Es war wirklich ein von Gott geschaffener Platz. Der Verwalter und seine Frau waren Christen, und jeden Morgen wurde der Arbeitstag mit einer kurzen Andacht begonnen. So hatte Carsten die

Möglichkeit, in seinem Glauben zu wachsen. Es folgten zwei Jahre, in denen sich der junge Mann bewährte. Ab und an stieg der Gedanke an die Seefahrt in ihm auf, wenn es ihm zu mühevoll schien, die Ernte einzubringen, oder wenn es tagelang regnete und die Felder trotzdem gepflügt werden mussten. Aber wir hatten mit ihm vereinbart, dass er nie die Arbeit aufgeben dürfe, ohne uns Bescheid zu geben. So hatten wir die Chance, seine oft abenteuerlichen Ideen ins rechte Gleis zu bringen.

Zum ersten Weihnachtsfest erlebte ich eine wunderbare Überraschung. Kurz vor Heilig Abend fuhr das Auto eines Kaufhauses bei uns vor und lud ein großes Paket aus. Ich wehrte ab: „Nehmen Sie nur Ihre Waren wieder mit, ich habe nichts bestellt."

„Sie können das Paket annehmen. Es ist schon alles bezahlt. Ich soll es nur hier abliefern", sagte der Fahrer und drückte mir den großen Karton in die Hand. Ich löste die Schnüre und konnte nur staunen. Ein herrlicher, großer Dampfkochtopf kam zum Vorschein. Nun fing das Rätseln bei uns an: Wer hatte uns ein so teures Geschenk gemacht? Kam es von unseren Eltern? Auch wenn wir uns noch so anstrengten, wir hatten keine Idee, wer denn der Sponsor sein könnte. Erst Wochen später fiel es unserem Sohn ein: „Fragt doch mal Onkel Carsten!" Gottfried hatte recht.

„Frau Bormuth, in der Zeit, da ich bei Ihnen wohnte, sah ich, für wie viele Menschen Sie jeden Tag kochen müssen. Da wollte ich Ihnen mit diesem Topf die Arbeit erleichtern."

Ich war sehr berührt von der Liebe unseres Freundes, denn es war sein erstes Geld, von dem er diesen so teuren Dampfkochtopf gekauft hatte. Nach über 35 Jahren ist der Topf immer noch in Gebrauch. Er ist mir sehr wertvoll.

An einem Mittwochabend schaute Carsten noch einmal bei uns herein. „Störe ich zu so später Stunde?", fragte er. „Aber ich musste zu Ihnen kommen. Heute gibt es etwas zu feiern. Frau Bormuth, kochen Sie schon mal eine Kanne Tee. Gebäck habe ich mitgebracht." Nanu? Hatte ich etwa Carstens Geburtstag vergessen? Das kann doch nicht sein! Seinen Geburtstag feiern wir immer im November. Als wir dann um unsern Tisch im Wohnzimmer saßen, rückte er mit seiner

Neuigkeit heraus. „Heute ist mein Tag, mein großer Tag. Der Vermerk, dass ich straffällig geworden war, ist heute in meinem polizeilichen Führungszeugnis gelöscht worden. Sie ahnen ja nicht, wie glücklich ich bin. Fünf Jahre sind seit damals vergangen, und nun steht nichts mehr in meinen Papieren. Ich bin frei, wirklich frei. Wenn ich mich jetzt einmal um eine neue Stelle bewerben will, muss ich nicht mehr angeben, dass ich im Gefängnis gesessen habe. Das ist ein Gefühl, als sei ich neu geboren."

Wir haben uns mit unserem Freund gefreut und Gott gedankt. Segnend, bewahrend und helfend hatte er seine Hände über ihm gehalten. Die Aussöhnung mit seinem himmlischen Vater damals im Zelt war Gottes größtes Geschenk an ihn gewesen. Durch Jesu große Tat am Kreuz hat Christus sein Leben auch für Carsten geopfert. Nun war die Vergebung aller Sünden möglich. Carsten war wirklich neu geboren worden.

Ein dankbares und frohes Lebensglück erfüllte ihn, und er erfuhr eine innere Befreiung.

Aber Gott hatte ihm noch mehr Wohltaten zugedacht.

Eines Tages unterhielten wir uns darüber, ob er nicht eine Ausbildung zum landwirtschaftlichen Meister beginnen sollte. Der Entschluss, sich noch einmal auf die Schulbank setzen zu müssen und zu pauken, fiel ihm nicht leicht. „Carsten, wir ziehen das durch. Ich helfe Ihnen, das verspreche ich Ihnen. Melden Sie sich zu diesem Lehrgang an."

Ich habe damals in meiner kindlichen Einfalt wirklich nicht gewusst, was ich da versprochen hatte. Es wurde auch für mich eine harte Zeit, denn das nächste Jahr, oder vielleicht waren es sogar zwei Jahre – ich weiß es heute nicht mehr so genau –, habe ich fast jedes freie Wochenende mit Carsten lernen müssen. Es machte mir große Freude, denn ich hatte als junger Mensch viel in der Landwirtschaft gearbeitet, war mit Äckern und Rübenhacken vertraut und wurde von meinem Vater auch in die Geheimnisse des Säens, Erntens und der Viehzucht eingeführt. Mein Vater war nämlich Professor für Landwirtschaft und hatte uns die landwirtschaftlichen Arbeiten immer gut erklärt. Aber nun musste ich an meinen Wochenenden mit Carsten die Bedeutung der Düngemittel, die Fruchtfolge beim Getreide, die Aufzucht der Kälber, die künstliche Besamung von Kühen, die moderne Milchwirtschaft und vieles mehr pauken. Das war anstrengend. Manchmal wäre ich lieber ins Schwimmbad gegangen oder hätte mich mit einem interessanten Buch in die Sonne gesetzt oder wäre mit meinen Kindern wandern gegangen. Zudem kam noch hinzu, dass Carsten oft lustlos war und sich seinen Lernstoff, den ich ihm für die Woche zugeteilt hatte, nicht eingeprägt hatte. Meine Hauptaufgabe bestand darin, ihn zum Lernen zu motivieren. Aber wir zogen das Programm durch. Ich hielt eisern an meinem Plan fest. Als die Zeit der Prüfung näher rückte, legten wir manche Nachtschicht ein. „Werde ich das Examen schaffen?“, fragte er mich unsicher. „Aber klar, Carsten. Sie lernen und konzentrieren sich, und ich werde beten. Das sind die besten Voraussetzungen, um ein gutes Ergebnis zu erzielen.“ Meine Sorgen versuchte ich zu verbergen. Und dann kam das Examen. Gott tat ein Wunder, ein riesengroßes Wunder. Carsten bestand seine Prüfung. Er wurde genau zu den Themen abgefragt, die wir kurz zuvor noch erarbeitet hatten. Ich fühlte mich, als habe ich den Meistertitel für Landwirtschaft erworben, denn ich hatte wirklich sehr viel mit Carsten gelernt. Ich drückte ihm fest die Hand. „Durch Gottes Hilfe sind Sie nun Meister. Ich gratuliere Ihnen von Herzen." Wieder deckte ich einen festlichen Kaffeetisch und wir feierten das Examen. *Wen du, Herr, segnest, der ist gesegnet,* musste ich denken. Diese bestandene Prüfung war ein guter Baustein dazu, das Selbstwertgefühl unseres Freundes zu stärken. Und nach all den bedrückenden Erfahrungen auf dem Hof seines Verwandten und der Straftat war dies auch dringend nötig.

Eines Tages fuhr Carsten mit seinem Trecker vor unser Haus. Er war mit gutem Stalldung vollgeladen. „Mein Dank für die Hilfe beim Lernen", begrüßte er mich mit einem lauten Lachen. Für einen Gartenbesitzer gibt es kein größeres Geschenk als eine gute Fuhre Mist. Wer meine Liebe zur Gartenarbeit kennt, wird verstehen, wie nützlich mir diese Gabe war. Wir gruben den Mist im Herbst unter, und es war erstaunlich, welch gute Erträge ich erzielte. Die Tomatenpflanzen hingen voll dicker Früchte und die Erdbeeren waren so groß wie nie zuvor. Es war eine

Lust, das Wachsen und Reifen des Gemüses zu beobachten. Im nächsten Jahr fragte ich ihn mit verschmitztem Lächeln: „Na, Carsten, müssen Sie nicht wieder eine Prüfung machen? Es wäre gar nicht so schlecht, wenn Sie noch einmal mit Ihrem Trecker vor unser Grundstück fahren würden."

„Nö, nö, Frau Bormuth", schüttelte er mit dem Kopf, „das tue ich mir nicht noch ein zweites Mal an."

Nun begann Carsten sich nach den Schönen im Lande umzuschauen. Jedes Mal, wenn er eine Frau im Visier hatte, wurde ich gebeten, Kaffee zu kochen und Kuchen zu backen, damit er mir seine Auserwählte vorstellen könnte. Ich sollte dann sagen, ob sie denn die Richtige sei. Auch wenn ich mich noch so beim Backen anstrengte und herrliche Torten auf den Tisch zauberte, die Versuche der Partnerwahl scheiterten alle. Marianne war zu alt, Irmgard zu dick, Cordula war nervlich nicht stark belastbar, Jessika stotterte, und bei Silvia legten die Eltern ein Veto ein. Am liebsten hätte ich unserem Freund vorgeschlagen, dass ich mich auf die Brautschau begebe, denn allmählich wurde ich es leid, vergeblich Kaffee zu kochen. Vielleicht würde ich mich besser anstellen. Aber schon vier Monate später erschien Carsten mit Cornelia im Arm bei uns und erklärte freudestrahlend: „Im Sommer wollen wir uns verloben." Ich war sprachlos. Diesmal hatte er mich gar nicht gefragt. Aber er hatte die richtige Wahl getroffen.

Ein Jahr später wurde die Hochzeit bei den Eltern der Braut gefeiert. Mein Mann nahm daran teil. Er erzählte mir dann später von der wunderschönen Braut und dem glücklichen Bräutigam. Cornelia ist auch eine Christin. Sie hatte gerade ihren Abschluss als Hauswirtschaftsmeisterin in der Tasche. Auf dem Gutshof konnte das junge Paar eine Dreizimmerwohnung mieten und richtete sie mit allem Nötigen ein. Ich freute mich von Herzen.

Zwei Söhne und eine Tochter wurde ihnen geboren. Der Himmel hing für die Familie voller Geigen. Die Kinder wuchsen heran und entwickelten sich gut. Sie besuchten das Gymnasium.

Einmal fand eine größere Veranstaltung in unserer Stadthalle statt. Viele Menschen waren zu diesem Fest gekommen. Ein Jubiläum sollte gefeiert werden. Auf dem Weg in den Saal traf ich auch Carsten mit seiner Frau. Ehe wir unsere Plätze einnahmen, wies er auf die Bühne. „Die drei in der zweiten Reihe im Posaunenchor sind unsere Kinder, Uta, Philipp und Volker. Sie spielen nun schon drei Jahre im Chor. Ich freue mich, dass sie gerne Posaune blasen und auch in den christlichen Jugendkreis gehen." Aus seinen Worten war der Stolz nicht zu überhören. Ich konnte Carsten gut verstehen. Er bot seinen Kindern ein wohliges Zuhause. Ihm selbst hatte die Geborgenheit in seiner Kindheit und Jugend gefehlt, er aber hatte es besser gemacht und seinen Kindern viel Liebe gegeben. „Meine Kinder sind mein Sparbuch. Was ich in sie investiere, ist immer gut angelegt. Uta ist musikalisch und nimmt Klavierunterricht. Für Philipp habe ich vor einem Jahr eine Gitarre gekauft. Es zahlt sich aus, denn die musikalische Begabung haben sie von ihrer Mutter geerbt."

„Herr, wie wunderbar hast du dich in Carstens Leben bewiesen. Du hast ihn mit seiner Familie reich gesegnet", dankte ich Gott in meinem Abendgebet.

An einem Morgen schlug ich unsere Zeitung auf. Ich war überrascht, das Foto von

Carsten zu entdecken. In einem Bericht wurde er sehr gelobt. Der Kirchenrat hatte ihm für 25 Jahre treuen Dienst in der Diakonie das Goldene Kronenkreuz überreicht und ihn für seinen Einsatz geehrt. Das Gut, auf dem er arbeitete, gehörte nämlich der Kirche. Wer hätte dies für möglich gehalten? Jesus vermag einen Menschen, der in seine Spur und Nachfolge tritt, von innen heraus umzugestalten. Ich war zutiefst glücklich und ließ all die Jahre, in denen ich mit Carsten verbunden war, an meinem inneren Auge vorüberziehen. Zuerst hatte alles so chaotisch und trostlos ausgesehen. Manchmal war ich auch hoffnungslos gewesen. Aber so ist Gott. War ich verzweifelt, dann hat Gott mich wieder aufgerichtet. Es war ein Wort von Martin Luther, das mich tröstete: „Man muss immerfort Deiche des Muts gegen die Flut der Furcht bauen." Ich habe erfahren dürfen, was Gott aus den Bruchstücken eines Lebens machen kann. Das ist zum Staunen.

Als mein Mann am Abend von seiner Arbeit nach Hause kam, fragte ich ihn mit etwas neckischem Unterton: „Na, Karl-Heinz, wann wird dir denn das Goldene Kronenkreuz überreicht?" Dabei hielt ich ihm das Zeitungsblatt entgegen. An diesem Abend dankten wir beide Gott für seine wunderbare Führung im Leben von Carsten.

Es war uns eine Freude, den 103. Psalm zu beten:

Lobe den Herrn, meine Seele,
und was in mir ist, seinen heiligen Namen!
Lobe den Herrn, meine Seele,
und vergiss nicht, was er dir Gutes getan hat;
der dir alle deine Sünden vergibt und heilet alle deine Gebrechen,
der dein Leben vom Verderben erlöst,
der dich krönet mit Gnade und Barmherzigkeit,
der deinen Mund fröhlich macht,
und du wieder jung wirst wie ein Adler.
Der Herr schafft Gerechtigkeit
und Gericht allen, die Unrecht leiden.
Er hat seine Wege Mose wissen lassen.
Die Kinder Israel sein Tun.
Barmherzig und gnädig ist der Herr,
geduldig und von großer Güte.
Er wird nicht immer hadern
noch ewiglich Zorn halten.
Er handelt nicht mit uns nach unseren Sünden

und vergilt uns nicht nach unserer Missetat.
Denn so hoch der Himmel über der Erde ist,
lässt er seine Gnade walten über die, so ihn fürchten.
So ferne der Morgen ist vom Abend,
lässt er unsere Übertretungen von uns sein.
Wie sich ein Vater über Kinder erbarmt,
so erbarmt sich der Herr über die, die ihn fürchten.

Ich bin so einsam

Eine junge Witwe erzählt: Kein Wölkchen stand am Himmel, das unser Glück hätte trüben können. Mit unserer großen Familie verlebten wir am Strand herrliche Urlaubstage. Wie lange schon hatten wir uns auf diese Ferien gefreut. Nachdem wir unser Eigenheim gebaut und einen Großteil der Schulden abgetragen hatten, war es nun das erste Mal, dass wir uns drei Wochen am Meer leisten konnten. Das Wetter hätte nicht schöner sein können. Während die Bauern unter der schrecklichen Dürre litten, sonnten wir uns an der Ostsee vom Morgen bis zum Abend. Manchmal schwammen wir noch um zehn Uhr abends in den Wellen und beobachteten, wie die Sonne glutrot langsam am Horizont unterging. Ruth, Marion und Uta spielten mit unserem Sorgenkind Thomas den lieben langen Tag am Meer, bauten Sandburgen, sammelten Muscheln in vielen Farben und Formen für ihn, planschten im Wasser und ließen sich von den heranrollenden Wogen überspülen. Für junge Menschen gibt es nichts Schöneres als

Wasser und Sand. Unsere vier hatten auch Freunde und Spielkameraden gefunden, und die Freude war vollkommen, als mein Mann für unseren Sohn einen großen, roten Ball kaufte. Einmal unternahmen wir sogar eine Schifffahrt nach Binz auf Rügen und erkundeten die größte Insel Deutschlands. Ich merke, ich gerate jetzt noch ins Schwärmen, wenn ich an die leuchtend weißen Kreidefelsen in Saßnitz denke oder an den Leuchtturm auf Kap Akona. In der alten Kirche stimmte mein Mann das Lied an: „Großer Gott, wir loben dich“, und wir alle sangen mit.

Ja, uns war wirklich zum Loben und Danken zumute, und viel zu schnell neigten sich die erholsamen, wunderschönen Tage dem Ende entgegen.

Nun waren wir wieder in unseren vier Wänden und der Alltag nahm uns voll in Beschlag. Mein Mann hatte einen großen Auftrag an Land gezogen und war dabei, in einem Sanatorium die Bäder zu fliesen. Es hatte sich in der Gegend herumgesprochen, dass er verlässlich arbeitet.

Voller Elan wollte er sich der neuen Aufgabe zuwenden, aber es ging nicht so, wie er es sich vorgenommen hatte. Eine schreckliche Müdigkeit überfiel ihn. Zunächst dachten wir, das hinge mit der Klimaumstellung zusammen und in ein paar Tagen würde wieder Schwung in die Glieder fahren, aber wir irrten. Ja, das Gegenteil war der Fall. Mein Mann wollte eines Tages gar nicht mehr aus den weichen Federn kommen. „Heute fahre ich dich zum Arzt“, schlug ich vor. Unser Hausarzt untersuchte Friedrich, machte ein bedenkliches Gesicht und überwies ihn zu einem Internisten. Die Diagnose erschreckte uns zutiefst. Mein Mann litt an Leukämie, einer gefährlichen Blut-Erkrankung, die wahrscheinlich nicht heilbar sei. Die Ärzte in der Klinik räumten ihm nur noch ein halbes Jahr Lebenszeit ein.

Nein, nein, das darf doch nicht wahr sein!, schrie es in meinem Innersten. Friedrich darf mich nicht verlassen. Wie soll ich dann mit meinen Kindern durchkommen? Vor allen Dingen dachte ich an Thomas, der seinen Vater so dringend brauchte. Unser Sohn war schwerstbehindert auf die Welt gekommen. Er war mongoloid, und mein Mann verstand es ausgezeichnet, mit seinem kleinen Liebling umzugehen. Angst packte mich. Ich war wie gelähmt. Ich betete und hoffte auf ein Wunder, ja mein Glaube war stark, aber das Wunder trat nicht ein. Mein Mann wurde immer schwächer. Er verlor rapide an Gewicht, sah blass aus und wurde von einer schrecklichen Traurigkeit befallen. Er schien in seinem Wesen total verändert. In unserem Haus verstummte das fröhliche Lachen. Bedrückung und schwermütige Gedanken quälten uns. Am schlimmsten waren immer die Wochen, in denen er zur Chemotherapie gehen musste. Ich fragte mich im Stillen: Wie lange soll diese Quälerei mit Kopfschmerzen und Erbrechen noch andauern? Wenn doch kaum Hoffnung auf Heilung besteht, sollten wir da nicht besser die Chemotherapie absetzen? Aber noch hatte mein Mann ein Fünkchen Hoffnung in seinem Herzen. Gott könnte noch ein Wunder tun und ihn am Leben erhalten. Aber gegen Ende des halben Jahres stellte sich heraus, dass die Prognose der Ärzte richtig war. Mein Mann war vom Tod gezeichnet. Als ich ihn an einem Montag besuchen wollte, war sein Bett schon aus dem Zimmer herausgefahren worden. Er lag in einem Einzelzimmer. Ich blieb den ganzen Tag in der Klinik, hielt seine Hand, sprach ihm Worte des Trostes zu und las ihm Verse aus den Psalmen vor. Wie gewinnen sie gerade in solch einer Situation an Bedeutung:

Die mit Tränen säen, werden mit Freuden ernten.
Sie gehen hin und weinen und tragen edlen Samen und kommen mit Freuden und bringen ihre Garben. (Psalm 126,5)

Besonders das Wort aus Jesaja 40,10 wurde für uns beide zu einem inneren Halt:

Fürchte dich nicht, ich bin mit dir; weiche nicht, denn ich bin dein Gott; ich stärke dich, ich helfe dir auch, ich erhalte dich durch die rechte Hand meiner Gerechtigkeit.

Abends um 19 Uhr 34 hauchte mein Mann sein Leben aus. Er starb in meinen Armen.

Betrübten Herzens fuhr ich dann zu meiner Familie. Am meisten beschwerte mich der Gedanke, wie ich es Thomas sagen sollte, dass sein geliebter Papa nun nicht mehr nach Hause kommen würde. Ich beschloss, ihm diese Hiobsbotschaft zunächst nicht mitzuteilen. Aber dieser Entschluss kostete mich viel Kraft, denn in der Nähe meines Kindes durfte ich nicht weinen.

Am nächsten Morgen, bevor unser Sohn in die Behindertenwerkstätte abgeholt wurde, sah er meine Handtasche auf dem Sofa stehen. „Mutti, fährst du heute wieder zu Papa?", sprach er mich an.

Hätte ich jetzt mein Kind anlügen sollen? Ich vermochte es nicht. „Thomas, Papa ist nicht mehr im Krankenhaus. Papa ist gestorben und ist nun bei Gott im Himmel." „Ach Mama, das ist aber schade", war seine Reaktion, und dabei legte er seinen Kopf auf meine Schulter. Wir weinten beide und hielten uns umschlungen.

Fortan nahm Thomas Vaters Platz am Esstisch ein. Es war mir so, als wollte mein behinderter Sohn sagen: „Mutti, ich bin noch da, und ich will dir beistehen."

Thomas' Verhalten tat mir sehr gut.

Aber es gab immer wieder Situationen, die mir den Verlust deutlich machten und mich zutiefst schmerzten.

Einmal nahm ich übers Wochenende an einem Seminar für junge Frauen teil. Es war wunderschön und ich lebte unter der Fröhlichkeit der Teilnehmerinnen auf. Zum ersten Mal nach dem Tod meines Mannes hatte ich es gewagt, unter Menschen zu gehen. Es war eine nicht so ernst gemeinte Bemerkung meiner Tischnachbarin, die mich wieder an meinen Schmerz erinnerte und mich sehr traurig stimmte. „Ach, ich habe solch eine Sehnsucht nach meinem Mann. Wenn ich doch bloß schon wieder zu Hause wäre", stöhnte sie. Ein Stich ging mir bei diesen Worten durchs Herz und ich musste denken: Diese Frau hat noch ihren Mann, und ich habe keinen mehr. Ich ging in mein Zimmer und weinte bitterlich. Mein Elend hatte mich wieder eingeholt. Aber nach einer Weile legte sich meine Traurigkeit. Ich holte mir mein kleines in Leder gebundenes Neues Testament hervor und las Psalm 23. Gott selber tröstete mich mit diesen wunderbaren Versen, und wie von selbst dichtete ich diesen Hirtenpsalm um und gab ihm neue Worte:

Herr, du mein Hirte, bist mir nah.
Kann ich dich nicht sehen,
so bist du doch da,

umgibst mich stets von allen Seiten.
Mit deinen Augen wirst du mich leiten.
Wenn ich abgespannt und durstig bin,
führst du mich zum frischen Wasser hin.
Fühle ich mich kraftlos und ist mein Gebet nur ein Schreien,
kommst du mir entgegen und schenkst mir voll ein.
Halten Dornen mich gefangen, plagen mich Verzweiflung und Verzagen,
dann weiß ich: Deine starken Arme werden mich führen und tragen.
An deiner Quelle darf ich still verweilen,
all meine Verletzungen wirst du heilen.
Neue Kraft und Zuversicht willst du mir schenken
und meine Schritte zu grünen Auen lenken.
Bei dir ist viel Gnade und Barmherzigkeit,
denn du bist mein Hirte für alle Zeit.

Ich empfing neu die Gewissheit: *Wenn dein Wort nicht mein Trost wäre, wäre ich schier vergangen in meinem Elend.*

So darf ich mich täglich am Reden meines Gottes aufrichten.

Eine erfreuliche Begegnung

Diese Frau kennst du doch, sagte ich mir, als ich die wunderschöne Kapelle in Oberstdorf betrat und eine Dame, chic gekleidet, an mir vorüberging und dann zwei Reihen vor mir mit einem Herrn Platz nahm. Ich überlegte lange hin und her, aber mir wollte nicht einfallen, wo ich sie schon einmal gesehen hatte. Es ist schon ärgerlich, wenn das Gedächtnis nicht auf die Sprünge kommt. Ich hätte einfach auf sie zugehen und sie nach ihrem Namen fragen sollen, sagte ich mir später, aber das war mir zu peinlich. Ich hätte mich ja auch irren können. Und doch ließ mir der Gedanke keine Ruhe, wer denn diese schöne Frau gewesen sei.

Gegen Ende des Urlaubs lüftete sich das Geheimnis. Ich kam müde von einer Bergwanderung nach Hause in mein Quartier, und vor dem „Freizeitheim Krebs“ trat mir die Unbekannte freudestrahlend entgegen. „Sie sind doch Frau Bormuth! Wir sind uns vor Jahren in Bad Liebenzell auf einer Tagung begegnet. Erinnern Sie sich noch an mich? Es war auf einer Tagung der Christlichen Geschäftsleute." Zum ersten Mal nahm damals auch mein Mann an diesem Seminar bei Herrn Dr. Scheffbuch teil. Das Thema kann ich nicht mehr genau formulieren, aber es ging um die Frage: Wie kann ich zum Glauben an Jesus Christus kommen? Mein Mann hatte dem Vortrag von Dr. Scheffbuch viel Widerstand entgegengebracht. Er führte immer wieder neue Argumente an, warum es zweifelhaft sei, dass es einen Gott gibt. Wir waren mit einer großen Teilnehmerzahl im Sitzungssaal versammelt und mein Mann brachte mit seinen Thesen viel Unruhe in die Debatte. Mir war die ganze Sache schrecklich peinlich, und im Stillen dachte ich: Wäre ich doch bloß allein hierher gefahren. Ich war schon seit einiger Zeit Christ und wollte meinen Mann auch zum christlichen Glauben führen. Deshalb hatte ich ihn zu diesem Treffen überredet. Die Diskussion wurde immer heftiger und ich litt unter der energischen Art meines Mannes. Am liebsten wäre ich im Erdboden versunken. Ich saß neben Ihnen. Sie erkannten meine Not, schauten mich von der Seite an, zwinkerten mit den Augen und flüsterten mir leise zu: ‚Ihr Mann wird das Evangelium auch noch begreifen. Ich bete für ihn.' Sie hatten mir mit diesem einen Satz viel Mut gemacht. Ihre Hoffnung hat sich Jahre später erfüllt. Heute ist mein Mann Christ. In einem Hausbibelkreis erkannte mein Mann, wie ein Mensch zum Frieden mit Gott finden kann. Dazu haben auch sicher Ihre Gebete beigetragen. Danke, Frau Bormuth, vielen Dank!"

Ein tiefes Glück erfasste mich, denn ich konnte mich noch gut daran erinnern, wie ich fortan abends diesen Chemiker aus Heidelberg in mein Gebet eingeschlossen habe. Über einen längeren Zeitraum hinweg stand sein Name auf meiner Gebetsliste. Wenn schon die Engel im Himmel über einen Menschen jubeln, der zu Jesus Christus findet, dann darf auch ich dankbar Rückschau halten und mich von ganzem Herzen freuen.

Nach Sibirien verbannt

Meine Vortragstätigkeit hatte mich bis in die Oberlausitz gebracht. Ich war begeistert von der herrlichen Landschaft und den schmucken Dörfen mit ihren vielen Umgebindehäusern. Das ist eine Sehenswürdigkeit, die sich anzuschauen lohnt. Als die Webstühle in diesem Gebiet eingeführt wurden, erwiesen sich die Häuser als zu schwach gebaut, um die Erschütterungen beim Weben zu verkraften. Daraufhin entwickelten die Menschen eine Balkenkonstruktion um das Haus herum, damit es stabil wurde. Heute stehen diese Umgebindehäuser unter Denkmalschutz.

Noch mehr aber bereitete es mir Freude, mit den Menschen in dieser Gegend in Kontakt zu kommen und ihnen das Evangelium zu verkündigen. Hier in diesem Landstrich spürt man noch die Auswirkungen von Graf Zinzendorf, der in Herrnhut seine Segensspur hinterlassen hat. Viele Menschen lesen noch heute die Losungen der Brüdergemeine, dieses kleine blaue Büchlein, das für jeden Tag eine Zusage unseres Gottes enthält.

In Sohland sollte ich zwei Vorträge anlässlich eines Kirchenfestes halten. Beim anschließenden Kaffeetrinken saß ich einem Herrn gegenüber, dessen Schicksal mich sehr bewegte. Wir setzten uns abends zusammen, und er berichtete mir aus seinem Leben. Ich lasse ihn selbst zu Wort kommen:

Es war im Mai 1951. Ich arbeitete zunächst im Bergbau, musste aber diese Tätigkeit wegen einer schweren Erkrankung aufgeben. So begab es sich, dass ich mich um eine neue Arbeit umsehen musste. In Zwickau konnte ich bei einem Schuhmacher eine Lehre antreten. Mein Meister kam aus Bayern und war ein sehr impulsiver Mann. Mit der Politik in der DDR konnte er sich nicht anfreunden. Er wollte die Welt verändern und mithelfen, das kommunistische Regime abzuschaffen. Er fuhr nach Berlin und holte sich Flugblätter, auf denen eine Karikatur zu sehen war, die Stalin als Kutscher darstellte. Mit festem Griff hielt er die Leinen der Pferde in der Hand. Diese Karikatur wollte sagen, dass Stalin die Geschicke der Ostblockstaaten mit eisernem Griff lenkte. Darunter hieß es: „So wie sich Stalin den Frieden erdenkt, so will ihn kein Mensch geschenkt." Diese Flugblätter verteilte der Meister heimlich. Er steckte sie in Umschläge und verschickte sie innerhalb der DDR. Irgendein politischer Gegner musste ihm dabei auf die Schliche gekommen sein und hat ihn bei den Russen verraten. Für mich sollte dieses revolutionäre Handeln meines Meisters böse Folgen haben. Allerdings muss ich klar sagen, dass ich von den Machenschaften meines Meisters nichts gewusst habe.

Es war gegen zehn Uhr abends, als ich von einem Treffen in der Jungen Gemeinde nach Hause kam. In der Wohnung meiner Eltern warteten schon zwei russische Geheimagenten, die mir in barschem Ton befahlen: „Sofort mitkommen!" Ihre entsicherten Pistolen hielten sie auf mich gerichtet. Ich konnte nichts mitnehmen und durfte mich auch nicht von meinen Eltern verabschieden. „Mutter, bete für mich!", war das Einzige, was ich noch sagen konnte. Unten im Hof standen zwei weitere dunkle Gestalten mit Maschinengewehren, und in einiger Entfernung hinter einem Gebüsch sah ich eine Limousine ohne Licht stehen. Ich musste einsteigen und wurde auf schnellstem Wege nach Aue gebracht. Ich war gerade achtzehn Jahre alt.

In einem hell erleuchteten Zimmer wurde ich von vier russischen Offizieren stundenlang verhört. Ich wusste nicht, warum mir dies alles widerfuhr. War ich um meines Glaubens willen verhaftet worden? Ich war ein eifriger Nachfolger Christi und Mitarbeiter in der Jungen Gemeinde. Doch aus der Art und Weise, wie mir die Fragen gestellt wurden, musste ich annehmen, dass die Russen glaubten, ich hätte während meiner früheren Arbeit im Uranbergwerk heimlich Gesteinsbrocken in den Westen geschafft. Immer und immer wieder wurde ich mit den gleichen Fragen bombardiert. Mir dröhnte schon der Kopf und ich war schrecklich müde, denn ich war schon morgens gegen fünf Uhr aufgestanden und dann zur Arbeit gegangen. So gegen drei Uhr in der Nacht hörte das Verhör dann auf. Ich wurde in einen dunklen Keller gesperrt, der furchtbar dreckig und kalt war. Nun saß ich hier in diesem nassen Loch ganz allein, zermarterte mir meine Sinne und hatte Angst. Schließlich besann ich mich darauf, zu Gott zu beten, und sagte mir auch Evangeliumslieder, natürlich ganz leise, vor. Zweimal am Tag wurde mir ein Brei und etwas zum Trinken gebracht. Am meisten machte mir die Ungewissheit zu schaffen. Wie würde es bloß mit mir weitergehen? Warum hielt man mich hier gefangen?

Nach einer Woche wurde ich in ein anderes Gefängnis überführt. Die Haftanstalt Chemnitz-Kaßberg war dem russischen KGB unterstellt. Wieder kam ich in Einzelhaft. Ich dachte, ich werde noch wahnsinnig in meiner Zelle. Vor dem kleinen Fenster waren Lichtblenden angebracht, dass ich gar nichts sehen konnte. „Du Spion!“, schrien mich die Wärter an. Und noch immer wusste ich nicht, warum ich hier festgehalten wurde. Nach drei Wochen legte man mich in die Zelle von drei Kriminellen. Was ich von den rauen Burschen zu erleiden hatte, würde dicke Bände füllen. Tagsüber wurden die Pritschen weggeschlossen, und nachts, wenn ich schlafen wollte, wurde ich zum Verhör geholt. So nach und nach wurde mir allmählich klar, dass ich meine Haft meinem Chef zu verdanken hatte, der sich gegen das Regime der DDR aufgelehnt hatte und es stürzen wollte. Auch seine Lebensgefährtin war inhaftiert worden. Beide wurden zu Klassenfeinden deklariert.

Von Mai bis November 1951 schmachtete ich im Gefängnis in Chemnitz-Kaßberg. Alle paar Tage erhielt ich eine halbe Stunde Freigang auf dem Gefängnishof. Ich litt entsetzlich in dieser Zeit, denn ich vermisste meine Eltern, Geschwister, Freunde und vor allem die Christen in der Jungen Gemeinde. Dort war ich nämlich zum Glauben an Christus gekommen. Mich tröstete nur, dass sie sicher alle für mich beten würden und der Tag der Freilassung nicht mehr fern war.

Es war Weihnachten, und wir erhielten als Klopapier eine alte Zeitung. Noch nie in meinem Leben habe ich mich über eine Zeitung so gefreut wie jetzt in meiner Zelle. In ihr entdeckte ich nämlich die Weihnachtsgeschichte aus dem Lukasevangelium. Ich las sie meinen Mitgefangenen vor. Für mich war sie ein Gruß von Gott, der mich auch in den dunkelsten Stunden meines Lebens nicht vergessen hatte. Dieses Stück Zeitungspapier war mir etwas sehr Wertvolles, denn ich besaß weder eine Bibel, ein Gesangbuch, noch eine christliche Zeitschrift. Sie war mir kostbar wie ein Schatz, und ich habe sie natürlich nicht als Toilettenpapier benutzt. Wie sehr sehnte ich mich auch nach einem Brief oder nach einem Päckchen von Zuhause. Aber dieser Wunsch blieb mir versagt.

Nach vielen aufreibenden Verhören in der Nacht wurde endlich ein Gerichtstermin festgesetzt. Die Dolmetscherin drohte mir in boshafter Weise, um mich einzuschüchtern: „Wir werden dich über das sibirische Grundeis schleifen." Meine Seele war durch all diese schrecklichen Ereignisse zerrissen. Ich litt unter Angstzuständen und Albträumen. Das Knarren der Türen und das Klirren der Schlüssel riss mich jedes Mal aus dem Schlaf. Manchmal wachte ich auf und war in Schweiß gebadet. Die Gefangenen waren über drei Stockwerke verteilt, und es herrschte große Unruhe.

Die Gerichtsverhandlung wurde unter strengen Sicherheitsmaßnahmen durchgeführt. Mit MGs ausgerüstetes russisches Wachpersonal war im Gerichtssaal mit anwesend. Zum ersten Mal sah ich meinen Meister, seine Lebensgefährtin, seinen Freund und den anderen Lehrling wieder. Uns wurde vorgeworfen, wir hätten eine kriminelle Bande gegründet, um dem DDR-Staat und der Sowjetmacht Schaden zuzufügen. Mein Chef wurde zu 25 Jahren, die anderen Angeklagten zu 15 Jahren und ich zu 10 Jahren Haft in Sibirien verurteilt. Dieser Gerichtsbeschluss kam einer Todesstrafe gleich, denn die mörderische Kälte bis zu minus 50 Grad und die harte Arbeit konnte kein Gefangener durchhalten. Ich erlitt bei der Urteilsverkündung einen Schock, weinte und zitterte am ganzen Körper.

Nun war also alles entschieden. Zehn Jahre Haft in Sibirien. Mein Leben ist ruiniert, musste ich denken. Mir war zumute, als hätte ich dem Tod ins Auge geschaut. Das Leben, das höchste Gut der Menschen, war an diesem Tag in mir zerstört worden. Wenn ich doch nur meine Mutter, meinen Vater und meine Geschwister noch einmal hätte sehen können, dann hätte ich getrösteter in diese Verbannung gehen können. Aber dies blieb mir versagt. Ich wusste noch nicht einmal, ob sie von meiner Haftstrafe und von meinem Elend erfahren hatten. Dabei war ich doch unschuldig. Nie hatte ich etwas von der unerlaubten Tätigkeit meines Meisters geahnt. Warum bin ich in diese Misere verwickelt worden?

Nun war ich ein politischer Gefangener. Die erste demütigende Prozedur, die ich nach meiner Gerichtsverhandlung über mich hatte ergehen lassen müssen, war, dass man mir meine schöne Lockenpracht abrasierte. Im Spiegel erkannte ich mich fast nicht wieder. Nun sah ich aus wie ein richtiger Sträfling, so wie ich es in Filmen früher gesehen hatte, abgemagert und kahlköpfig. Außerdem wurde ich in Gefängniskleidung gesteckt. Als Unterwäsche blieben mir nur meine eigene Unterhose und mein Hemd. Einmal in der Woche durfte ich baden. Aber frische Unterwäsche erhielt ich nicht.

Im Januar wurde ich in das russische Zentralgefängnis nach Berlin verlegt. Von dort aus brachte mich ein Gefängnisauto zu den Waggons, die als Postzüge getarnt auf den Abstellgleisen auf uns warteten. In Wirklichkeit aber bestanden die Wagen aus Einzelhaftzellen. In Brest wurde zum ersten Mal Halt gemacht. Die Wachen wurden ausgetauscht, um zu verhindern, dass sie sich mit den Gefangenen anfreundeten. Moskau erreichten wir in zwei Tagen. Auf dieser Fahrt habe ich schrecklich gefroren, denn die Zellen in den Waggons waren ungeheizt.

Meine nächste Station in Moskau war das Lubjanka Staatsgefängnis. Nachts wurden die Gefangenen schrecklich geschlagen und gefoltert. Man wollte aus ihnen auf diese qualvolle Art Geständnisse herausprügeln. Auf den Fluren und in den Zellen hörte man laute Schreie.

Nach zwei Tagen wurden wir wieder in Waggons verfrachtet. Die Fahrt nach Sibirien ging weiter. Zehn Tage dauerte der Transport. Wir schliefen in Doppelstockliegen eng zusammengepfercht. Am meisten litt ich darunter, dass ich keine Bibel, keine Losung und kein Gesangbuch hatte. Nur das Gebet zu Gott brachte mir etwas Trost. In Swerdlowsk im Ural wurde wieder Halt gemacht. In vergitterten Waggons mussten Alte und Junge, Gesunde und Kranke auf engem Raum gedrängt stehen. Manche trugen nur noch Lumpen an sich. In den Durchgangsgefängnissen wurden wir ständig gefilzt, obwohl wir doch nun gar nichts mehr Eigenes hatten. Auf den Etappenzielen erhielten wir unsere Rationen: Trockenes Brot, scharf gesalzenen Hering und Wasser. Jeder kann sich gut vorstellen, wie uns nach einem solchen Essen der Durst plagte. Je weiter wir nach Osten fuhren, desto voller wurde der Zug. Immer mehr Häftlinge stiegen in die Waggons. Stalin habe schrecklich viele Menschen in die Verbannung geschickt.

Krasnojarks war das nächste Etappenziel. Wir hatten nun die unendliche Weite der Taiga erreicht. Das Gebiet war kaum bewohnt. Die Menschen dort hausten in Hütten aus Schnee. Taijet war dann die Endstation. Dort wurden wir in ein riesengroßes Lager eingeliefert. Wir mussten in langen Schlangen antreten und unsere Kleidung ausziehen. Dann standen wir nackt vor den Ärzten, die uns begutachteten. Sie kniffen uns in den Hintern, um festzustellen, ob wir noch ein paar Muskeln hatten und noch nicht ganz verhungert waren. Dann teilten sie uns in verschiedene Kategorien ein. Ich wurde der Kategorie 1 zugeordnet. Das bedeutete für mich, dass ich in einer Waldarbeiterbrigade arbeiten musste. In zwanzig Baracken hausten hier Menschen aus fast dreißig Nationen. Wir waren ringsum von Wachtürmen umgeben und wurden streng bewacht. Auf meiner Sträflingskleidung trug ich die Nummer 739AM. Meine Fingerabdrücke und mein Steckbrief waren schon in Deutschland erstellt worden. Man hatte mich zum Verbrecher erklärt. Die Arbeit als Holzfäller war hart und gefährlich.

Am meisten machte mir der Frost zu schaffen. Nur wenn die Temperaturen unter minus 40 Grad lagen, hatte unsere Brigade arbeitsfrei. Unsere Ernährung bestand täglich aus 80 g sehr nassem Brot, einem sonderbar schmeckenden Hefegetränk und morgens einem Schlag Suppe. Abends nach der Rückkehr von der Schwerstarbeit erhielten wir noch einen Kascha-Brei. Hatte ein Gefangener die Norm nicht geschafft, dann erhielt er nur 40 g Brot, das Hefegetränk und eine warme Mahlzeit. Nie habe ich begieriger gegessen als dort in Sibirien. Vor dem Essen sprach ich immer wie zu Hause leise das Tischgebet vor mich hin. Was mich in dieser Zeit am Leben erhalten hatte, war wohl die Fürbitte meiner Eltern und meines Jugendkreises in Zwickau.

In meinem Gepäck hatte ich noch ein warmes Barchethemd. Als ich einmal sehr hungrig war, gelang es einem Mitgefangenen, es mir abzuluchsen. Er versprach mir, Brot dafür zu geben, hielt aber sein Versprechen nicht. So wurde ich auch noch dieses Hemdes beraubt.

Angst bereiteten mir auch die Homosexuellen im Verbannungslager. Sie wollten mich verführen, Gott aber ließ mich standhaft bleiben. Dafür bin ich meinem Vater im Himmel besonders dankbar.

Hier in diesem Barackenlager traf ich auf Gefangene, die schon zur Zeit des Zaren inhaftiert worden waren. Nie hätte ich geglaubt, dass ein Mensch diese Qual in der sibirischen Kälte so lange durchhalten konnte.

Eines Tages wurde ich in die Baubrigade versetzt. Meine Arbeit bestand darin, Öfen mit Kalk anzustreichen. Nun war ich nicht mehr so sehr der mörderischen Kälte ausgesetzt. Ich verdiente sogar etwas Geld. Nach zwei Jahren hatte ich mir 37 Rubel gespart.

Als Stalin am 5. März 1953 starb, wurde eine Amnestie für Gefangene erlassen. Ich hätte eigentlich zu diesen Heimkehrern gehören müssen, aber am 17. Juni 1953 fand in der DDR ein Arbeitsaufstand statt. Deshalb wurde mir die Amnestie nicht gewährt. Ich musste also noch länger in Haft bleiben.

Aber im Dezember 1953 wurde in unserem Lager ein neuer Zug nach Deutschland zusammengestellt, und diesmal gehörte auch ich zu den Glücklichen. Es war wieder eine lange Reise, die über Königsberg nach Ostdeutschland führte. Am 27. Dezember 1953 fuhr unser Transport auf dem Bahnhof in Frankfurt/Oder ein. Hier traf ich den Gesellen wieder, mit dem ich zusammen in Zwickau in der Schuhmacherei gearbeitet hatte und der auch in Sibirien inhaftiert worden war. In Frankfurt/Oder wurden die Gefangenen neu eingekleidet und am 30. Dezember entlassen. Auf meinem Entlassungsschein stand, dass ich nur drei Tage in Haft gewesen wäre. Welch eine Lüge! Später galt ich sogar wieder als rehabilitiert.

Ich setzte mich sofort in den nächsten Zug und fuhr nach Leipzig. Von hier aus schickte ich mehrere Telegramme an meine Eltern und Verwandten und teilte ihnen mit: Komme heute nach Zwickau. Eberhard. Als sich der Zug meiner Heimatstadt näherte, wurde ich immer aufgeregter. Am Bahnhof war nur meine Tante. Meinen Eltern hatte man das Telegramm einfach in den Briefkasten geworfen, und dort lag es auch noch, als ich vor unserer Haustür stand. Als ich in die

Stube trat, schrie Mutter vor Freude laut auf. Wir lagen uns in den Armen und konnten zuerst gar nichts sagen.

Ich war ein gebrochener Mann. Die ersten Jahre quälten mich schreckliche Albträume. Wenn ich irgendwo hinter Büschen ein abgedunkeltes Auto sah, überfiel mich die Angst, ich könnte wieder gefangen genommen werden. Später erfuhr ich, dass mein Chef im Arbeitslager verstorben war. Die gefährliche, schwere Arbeit, den Hunger und die entsetzliche Kälte hatte er nicht überlebt.

In der Jungen Gemeinde wurde ich voll Jubel empfangen. Uns war allen bewusst, dass allein Gott für meine Befreiung gesorgt hatte. Er war bei mir, als ich manchmal völlig verzweifelt war. Es gab Tage, da hätte ich lieber sterben wollen, als diese Ängste in der Zelle durchstehen zu müssen. Oft hatte mich das Entsetzen gepackt, wenn mich die Schreie von Gefolterten aus dem Schlaf rissen. Meine Hoffnung, nach Hause ins Vogtland zurückzukehren, war geschwunden. Wer die mörderische Kälte Sibiriens einmal durchgemacht hat, weiß, dass es immer ein Wunder ist, wenn man bei kärglicher Nahrung und harter Arbeit überlebt. Was mich am Leben erhalten hat, waren der Glaube an Jesus und die Macht des Gebetes. Wie oft habe ich mir Sprüche, die ich als Kind in der Sonntagsschule gelernt hatte, vorgesagt. Es waren vor allen Dingen die Choräle, die mir Mut schenkten. Paul Gerhardts Lied „Befiehl du deine Wege“ gehörte für mich zum Kostbarsten, was ich im Gedächtnis besessen habe. Es war gut, dass ich den 23. Psalm in der Konfirmandenstunde auswendig gelernt habe. Wie gewinnen zum Beispiel in der Bedrohung durch den Tod solche Worte an Bedeutung: „Und ob ich schon wanderte im finsteren Tal, fürchte ich kein Unglück, denn du, Gott, bist bei mir.“ Wenn wir an den Sonntagen nicht zum Holzfällen ausrücken mussten, habe ich mir die Liturgie des Gottesdienstes in Erinnerung gerufen und vor mich hin gesagt. Ein Lied war mir dabei besonders bedeutungsvoll:

Nun bitten wir den Heiligen Geist
um den rechten Glauben allermeist,
dass er uns behüte an unserm Ende,
wenn wir heimfahrn aus diesem Elende.
Kyrieleis.

Du wertes Licht, gib uns deinen Schein,
lehr uns Jesus Christ kennen allein,
dass wir an ihm bleiben, dem treuen Heiland,
der uns bracht hat zum rechten Vaterland.
Kyrieleis.

Du süße Lieb, schenk uns deine Gunst,
lass uns empfinden der Lieb Brunst,
dass wir uns von Herzen einander lieben
und im Frieden auf einem Sinn bleiben.
Kyrieleis.

Du höchster Tröster in aller Not,
hilf, dass wir nicht fürchten Schand noch Tod,
dass in uns die Sinne nicht verzagen,
wenn der Feind wird das Leben verklagen.
Kyrieleis.

Martin Luther

Damals in meiner Gefangenschaft lernte ich mit Liedern und Psalmen zu beten. Bis heute halte ich daran fest: Gott ist mein guter Hirte. Ich muss aber auch um der Wahrheit willen bekennen, dass mich oft Hass und Wut überfallen haben, wenn ich daran dachte, wie viel wertvolle Zeit mir durch diese unverdiente harte Gefängniszeit geraubt wurde. Meine Jugend ist mir zerstört worden. Ich musste lernen, um Christi willen meinen Peinigern zu vergeben. Nur mit bewegtem Herzen kann ich das Vaterunser beten: „Und vergib uns unsere Schuld, wie auch wir vergeben unsern Schuldigern."

Ich weiß, dass wer in seinem Herzen mit seinem ärgsten Feind ausgesöhnt lebt, im Frieden ruhen kann. In dieser Erkenntnis möchte ich mutige Schritte in die Zukunft gehen und meinen Peinigern vergeben.

Ein Mensch, dessen Schicksal mich bewegt

Vor mir liegt eine Karte. Sie zeigt eine junge Christin in einem weißen Hosenanzug. Sie macht einen entspannten Eindruck, so als genieße sie herrliche Urlaubstage. Ihr Blick ist zum Himmel gerichtet. Die Sonne bricht sich eine Bahn durch den herbstlich verfärbten Wald und taucht den Weg, auf dem sie geht, in ein gleißendes Licht. Über der Düsternis des aufsteigenden Nebels erstrahlt sie noch einmal in goldenem Glanz. Ein fröhlicher, glücklicher Blick liegt auf dem Gesicht der jungen Frau. Ich schaue mir das Bild an und muss denken: Ja, so war Bruni: schön, attraktiv, unbekümmert in ihrem Wesen, lebensbejahend, voller Schwung und Unternehmungsgeist. Man könnte meinen, dies sei eine Karte aus frohen, erlebnisreichen Ferien, stünden nicht diese merkwürdigen Worte über dem Bild:

„Denk daran! Ich geh weiter, nur ein wenig weiter." Dahinter verbirgt sich die Todesanzeige von Bruni, einer jungen Unternehmerin, die sie selbst für ihre Verwandten und Freunde entworfen hat, als sie wusste, der Krebs würde sie besiegen.

Ich habe Bruni vor drei Jahren kennengelernt. In ihrem Heimatort hielt ich in einer Turnhalle Vorträge und verkündigte das Wort von Gott. Schon am zweiten Abend sprach mich die junge Frau an: „Darf ich Sie zu einer Tasse Kaffee einladen?“ Natürlich sagte ich nicht nein, und schon am nächsten Nachmittag holte sie mich in ihrem Mercedes ab. Es war ein Sportcoupé. Ich staunte mächtig, denn in einem solch teuren Auto war ich noch nie gefahren. „Da haben Sie aber einen tollen Flitzer!“, rutschte es mir über die Lippen. „Ja, Sie haben Recht. Ich habe auch tüchtig viel Geld dafür hinblättern müssen. Heute würde ich mir nicht noch einmal einen solch teuren Schlitten zulegen. Es war damals vor drei Jahren sicher ein unbedachtes, leichtsinniges Tun. Ich wollte mir mit diesem Wagen einen Jugendtraum erfüllen. Mich haben schon als Kind schnelle, rasante und schnittige Autos interessiert. Heute weiß ich, wie ich mein Geld besser anlegen könnte. Aber nun habe ich meinen Sportwagen und genieße ihn auch."

Wir waren an ihrer Wohnung angelangt. Bruni führte mich ins Dachgeschoss. Wieder musste ich staunen, als wir das Wohnzimmer betraten, denn die Einrichtung verriet einen guten Geschmack und viel Kreativität. Der Kaffeetisch war festlich gedeckt und Bruni zündete eine Kerze an. Dann holte sie die Torte aus dem Kühlschrank.

„Frau Bormuth, ich habe Sie eingeladen, weil ich etwas ganz Wichtiges mit Ihnen besprechen möchte. Über mein Leben muss ich mit Ihnen reden, und dies fällt mir nicht gerade leicht. Aber es muss sein – entweder jetzt oder nie. Das weiß ich. Ich halte den Druck, der mein Gewissen belastet, nicht länger aus. Ich habe Gott in den letzten Jahren aus den Augen verloren und habe eigene Entscheidungen getroffen, ohne mich an seinen Geboten zu orientieren. Aufgewachsen bin ich in einem christlichen Elternhaus. Ich weiß schon lange, dass ich mein Leben vor Gott verantworten muss. Aber mir schien das Leben, das meine Eltern und Geschwister führten, zu eng, zu muffig. Ich wollte frei sein, frei wie ein Vogel, der mit den Wolken fliegt. Ein ungeheurer Hunger nach Leben und Lust erfüllte mich. Ich hatte immer Angst, ich könnte etwas verpassen und käme zu kurz. So stürzte ich mich voll in meine Arbeit und in mein Vergnügen. Beruflich kam ich wunderbar voran. Ich besitze ein Geschäft, das gute Gewinne erzielt. Meine Boutique läuft glänzend, ich verstehe mein Handwerk. Über Geld muss ich nicht reden, das habe ich in der Tasche. Auch an Freunden – echten und falschen – fehlt es mir nicht. Und doch bin ich sehr unzufrieden. In stillen Stunden sage ich mir: Das kann doch nicht der Sinn meines Lebens sein: Arbeit – Vergnügen, Vergnügen – Arbeit. Denn je mehr ich mich zu verwirklichen suche, desto hungriger werde ich nach wahrem Leben. Ich sehne mich nach einer Schulter, an die ich mich anlehnen kann, nach einem Herzen, das ganz für mich schlägt, nach Vertrauen und Liebe, die in Belastungen standhalten. Aber je mehr mich danach verlangt, desto unruhiger werde ich. Ich hasche nach Vergnügen, ja die Fülle will ich haben, aber mein Innerstes bleibt leer. Manchmal packt mich geradezu die Verzweiflung.

Heute weiß ich, dass ich auf dem falschen

Weg bin, denn ich habe Gottes Gebote außer Acht gelassen. Ich bin mir meiner Schuld bewusst. Gott hat in diesen Abendveranstaltungen, zu denen ich eingeladen wurde, zu mir geredet. Ich habe die Stimme Jesu vernommen, sein Ruf hat mich im Innersten getroffen, und nun bin ich bereit, ohne Wenn und Aber mein Leben in seine Hände zu legen. Ich möchte meine Sünden beichten und von Christus Vergebung empfangen."

Ich staunte über das Vertrauen, das Bruni mir entgegenbrachte. Ihre Offenheit und Ehrlichkeit beschämten mich. Sie hatte alles auf einem Zettel notiert, um ja nichts zu vergessen, was in ihrem Leben nicht recht war. Sie sprach es ehrlich aus, doch das geschah nicht ohne Kampf. Aber das ist Jesu große Gabe und sein Geschenk. Wo ein Mensch seine Wunden offenlegt, darf er auf Heilung hoffen. Wo die Sünde mächtig geworden ist, darf die Gnade noch viel mächtiger werden. Das Bekenntnis der Schuld ist nötig, aber ihm folgt Jesu großes Verzeihen. „Suchet mich, so werdet ihr leben!", spricht Gott. Das ist sein wunderbares Angebot.

Wir knieten nieder und beteten miteinander. Im Namen Jesu Christi sprach ich ihr die Vergebung zu. Darauf folgte ein längeres Schweigen. Bruni war sehr bewegt. Das erlösende, befreiende Wort war gesprochen. In mir kam Freude auf, tiefe, wunderbare Freude, weil ein Mensch zum göttlichen Ursprung zurückgefunden hatte. Das ist Buße, wahre Buße, über die auch die Engel im Himmel in Jubel ausbrechen.

Nach meiner Vortragstätigkeit in diesem Ort reiste ich wieder ab, aber die Verbindung zu Bruni blieb, wenn auch nur in einer lockeren Weise. Wir telefonierten miteinander und so manch ein Brief flatterte in meinen Briefkasten, wenn sie Fragen oder Probleme hatte. Das Gebet füreinander verband uns.

Es war kurz vor Heilig Abend, als mich eine innere Unruhe überfiel. Ich legte das Fensterleder beiseite und trug die Leiter wieder in den Keller. Ich musste Bruni schreiben. Es wurde ein langer Brief, ein sehr langer sogar. Ich wollte sie an meiner Freude teilnehmen lassen, die uns Christi Geburt beschert. Dann holte ich noch mein Jubiläumsbuch „Ich staune“ hervor, das ich zu meinem 65. Geburtstag geschrieben hatte – es ist mein umfangreichstes –, und schickte es ihr als Weihnachtsgruß.

Kurz nach dem Fest erhielt ich einen Anruf. „Frau Bormuth, Sie glauben gar nicht, wie sehr mich Ihr Brief mit dem Buch gefreut hat." Bruni konnte vor lauter Erregung kaum sprechen. „Ich muss Ihren Brief immer und immer wieder lesen. Sie müssen wissen, ich bin krank, todkrank sogar. Ich habe Krebs, und der Arzt hat nicht viel Hoffnung, wie ich seinem Mienenspiel und seinen kargen Andeutungen entnehmen muss. Aber Gott kann mich doch wieder gesund machen, das kann er doch!" Ihre Worte überstürzten sich fast.

„Ja, Gott kann Sie heilen, das ist wahr. Er kann Wunder tun", kam es mir schwer über die Lippen. „Ich will um dieses Wunder bitten. Aber manchmal ist es ein noch größeres Wunder, wenn der Herr Ihnen die Kraft gibt, das Schwere, Unbegreifliche zu tragen und nicht darunter zu zerbrechen. Wie Gottes Wille über Ihrem Leben aussieht, weiß ich nicht, aber auf alle Fälle bleiben Sie in seiner Hand geborgen für immer und ewig, das weiß ich. Sie kennen doch das Wort aus dem Neuen Testament: ‚Leben wir, so leben wir dem Herrn, sterben wir, so sterben wir dem Herrn. Darum wir leben oder sterben, wir sind des Herrn.' Bei Gott sind Sie und bleiben Sie immer ein sehr wertvoller, geliebter Mensch. Sein heiliger Wille ist der beste für Sie."

Es fiel mir nicht leicht, diese Wahrheit deutlich auszusprechen, aber ich wollte einen Menschen nicht billig vertrösten und ihm falsche Versprechungen machen. Eine längere Pause folgte, so als müsste sich Bruni erst einmal Zeit nehmen, diese Gedanken in sich aufzunehmen.

„Ja, ich will auf Gott vertrauen. Wie er mich führen wird, so wird es recht sein. Mein Glaube muss stark werden, dass Gott mich heilen kann. Jedenfalls werde ich gegen den Krebs kämpfen."

Es steckt viel Energie in Bruni, musste ich denken. Mit ihren 36 Jahren hatte sie ja auch das Leben noch vor sich. Ich will auch auf Gott vertrauen. Er kann sie heilen. Es ist auch mir schwer begreiflich, dass ein Leben schon in so jungen Jahren abgebrochen werden soll wie ein blühender Zweig an einem Baum. Mein Herz war unheimlich traurig, als ich den Hörer wieder auflegte. Ich fand keine Erklärung, warum die Krebszellen so wucherten und streuten. Mein Vertrauen wurde stark angefochten. Manchmal steht mein Glaube recht bloß und nackt da und scheint sehr klein und zerbrechlich. Die Kraft, in dieser Situation neuen Mut zu fassen, holte ich mir aus dem Wort der Bibel und durch das Gebet. Ich wurde getröstet, um Bruni trösten zu können. Ich schickte ihr Briefe, Spruchkarten und Bücher. All dies sollte sie gewiss machen, dass ich sie nicht vergesse.

Aber ihre Lebenszeit war nur kurz bemessen. Drei Monate später erhielt ich ihre Todesanzeige mit dem Wort aus Philipper 1,21: „Christus ist mein Leben und Sterben ist mein Gewinn." Daneben war ein Lied von Manfred Siebald abgedruckt:

Ich geh' weiter,
nur ein wenig weiter …
Irgendwann, ob spät ob früh,
erwartet oder unverhofft,
mein Leben wie der Tag zu Ende geht.
Dann schneiden mir die Zeiger meiner Uhr
von meiner Zeit die letzte Scheibe ab,
ganz gleich, wie's um mich steht.

Ob ich den letzten Atem mir in weißen Kissen hol,
ob irgendwo in Staub und Blut am Straßenrand.
Ich weiß nicht, wie es sein wird, weiß nur,
dass der Abschied einmal kommen muss,
ob schmutzig oder elegant.
Dann sagt man wohl: ‚Jetzt ist es aus',
weil ich kein Wort mehr sag,
doch du gehst still nach Haus und denkst nur an den Tag.

Ich geh' weiter,
nur ein wenig weiter.
Geh' in Gottes Freude,
geh' in Gottes Licht hinein.
Ich war für ein paar Jahre dein Begleiter,
doch jetzt geh' ich weiter,
um bei meinem Herrn zu sein.

Es war mir schwer, und mein Herz war unsäglich traurig, als ich von Brunis Tod erfuhr. Ich hielt ihre Traueranzeige in Händen und konnte es lange nicht begreifen, dass dieser so wertvolle Mensch nicht mehr unter uns weilen sollte. Der Tod bricht mit Macht in ein Leben ein und schneidet die Verbindung ab. Die Krankheitszeit mit den schrecklichen Qualen und den unheimlichen Ängsten habe ich mit Bruni durch das Gebet geteilt. Eine entsetzliche Leere machte sich in mir breit. Ich telefonierte mit ihren Eltern und wollte sie trösten, aber ich vermochte es nicht. Was hätte ich ihnen sagen sollen? Sie litten wohl am meisten. Am Grab eines Kindes zu stehen, erfordert viel Kraft. Gott schenkte sie ihnen, das verspürte ich im Gespräch. Ich fragte nach Brunis letzten Tagen und Worten, worauf mir Brunis Eltern anboten, mir ihr Tagebuch zukommen zu lassen. Ich habe es mehrmals gelesen und dabei meinen Tränen freien Lauf gelassen. Das kleine bunte Büchlein gab den Kampf wieder, den ein noch so junger Mensch gegen die mörderische Krankheit führt, und sich am Ende doch eingestehen muss: Ich habe den Kampf verloren. So will ich von Anfang an über die Tagebucheintragungen berichten, die voller Anfechtungen sind, die aber auch die Tröstung nicht verschweigen. Für uns, die wir Bruni gekannt und geliebt haben, ist dieses Buch ein Vermächtnis. Als erste Eintragung steht ein Brief, den Bruni an ihre Nichten und Neffen geschrieben hat.

25.6.99

Hallo, ihr fünf quicklebendigen, munteren Schätzchen! Hallo, meine kleine Donna!

Wie sehr ich mich über euren Besuch gefreut habe, brauche ich wohl nicht zu sagen, denn mir fehlen einfach die Worte. Als die Krankenschwester hereinkam und sagte: „Ihr jüngster Bruder ist draußen", da musste ich vor lauter Freude weinen. Über euren Brief und besonders über deinen Brief, Nadja, habe ich mich mächtig gefreut. Danke dir, liebe Nadja, für das tolle Bild mit der schönen Stickerei. Weißt du, als ich deine Karte mit dem Foto aufschlug, wo Donna mit Polly zusammensitzt, musste ich vor lauter Freude weinen. Da ich selber keine Fotos von Polly habe, freue ich mich ganz besonders, dass nun die Karte mit meinem Spitz auf meinem Nachttisch steht. Übrigens, das Tagebuch, das ihr mir mitgebracht habt, benutze ich, um euch auf diesen Seiten einen Brief zu schreiben. Ihr wisst ja, dass ich jetzt nicht so gut schreiben kann, das hängt mit meiner Krankheit zusammen. Die Rechtschreibefehler, die ihr entdeckt, überseht doch bitte. Heute geht es mir gut. Ich bin Gott dankbar für all seine Liebe, für eine so tolle Familie mit so vielen Geschwistern. Oft war ich so gefangen in meiner Arbeit und habe mich mit nebensächlichen Dingen der Welt beschäftigt, dass Gott mich erst wieder aus meinem eigenen Gefängnis, in das ich mich manchmal selbst eingesperrt habe, herausholen musste. Aber nun habe ich neu begriffen, dass es neben der Arbeit noch viel Wesentlicheres und noch Schöneres gibt. Warum soll ich mich da sorgen?

Ich will immer an euch denken und euch recht lieb haben. Eure Tante Bruni

26.6.99

Habe das Buch gelesen „Die kommende Krise“. Danach war ich sehr verzweifelt. Mir war zumute, als würde mir der Boden unter meinen Füßen weggezogen werden. Ich bat Gott um ein Wort und schlug Psalm 118 auf. Einige Verse haben mich sehr bewegt:

Danket dem Herrn, denn er ist freundlich und seine Güte währet ewiglich.
In der Angst rief ich den Herrn an; und der Herr erhörte mich und tröstete mich.
Der Herr ist mit mir, darum fürchte ich mich nicht; was können mir Menschen tun?

Der Herr ist mit mir, um mir zu helfen.
Es ist gut, auf den Herrn zu vertrauen und sich nicht auf Menschen zu verlassen.
Man stößt mich, dass ich fallen soll.
Aber der Herr hilft mir.
Der Herr ist meine Macht und mein Psalm und ist mein Heil.
Man singt mit Freuden vom Sieg in den Hütten der Gerechten: Die Rechte des Herrn behält den Sieg.
Ich werde nicht sterben, sondern leben und des Herrn Werke verkündigen.
Der Herr züchtigt mich schwer, aber er gibt mich nicht dem Tode preis.
Tut mir auf die Tore der Gerechtigkeit, dass ich durch sie einziehe und dem Herrn danke.
Ich danke dir, dass du mich erhört hast und hast mir geholfen.
Der Stein, den die Bauleute verworfen haben, ist zum Eckstein geworden.
Das ist vom Herrn geschehen und ist ein Wunder vor meinen Augen.

6.7.99

Noch immer bin ich im Krankenhaus. In der Nacht habe ich gebetet, Gott gelobt und ihm gedankt. Ich sagte meinem Herrn auch, dass ich die Chemotherapie an fünf Tagen im Monat annehmen will. Als ich mich zu diesem Entschluss durchgerungen hatte, musste ich Gott laut loben und preisen. Darüber verging die Nacht. Am anderen Morgen las ich die Losung aus Jeremia 31,13: *„Ich will ihr Trauern in Freude verwandeln."*

Und in Römer 8,24 heißt es: *„Wir sind zwar gerettet, doch auf Hoffnung."* Ich dachte über diesen Versen nach. Gott ruft uns durch Jesus Christus aus falschen Bindungen an diese Welt heraus. Er befreit uns aus der Knechtschaft der Sünde und des Teufels. Er hilft uns in unserem Leid und trocknet uns die Tränen. Er beruft uns in seinen Dienst. Menschen sollen durch unser frohes Zeugnis erfahren, wie sie durch das Evangelium zu Gott kommen können. So leben wir als Christen in dieser gefallenen Welt und dürfen für unseren Herrn arbeiten. Welch großes Ziel steht uns vor Augen. Das gibt uns Mut und Hoffnung. Gott will durch uns diese Welt erneuern und fängt bei uns zuerst an. Ich dankte Gott für dieses Jeremiawort und freute mich darüber, dass der Herr mich gerettet hat und mich in seinen Dienst stellt.

Am Abend kam Dr. S. zu mir an mein Bett und schlug mir eine andere Chemotherapie vor. Jede Woche sollte ich für 24 Stunden an den Tropf. Ich war wie am Boden zerstört. Mit meinem Glauben stand ich sehr bloß, ja nackt da. Ich verlor meine Hoffnung, dass ich noch einmal gesund werde. Nein, diese Art der Chemotherapie wollte ich nicht annehmen. Der Arzt schlug mir schließlich vor, ich solle mir mit meiner Entscheidung Zeit lassen und mir alles sehr gut überlegen. Am 15.7.99 solle ich dann in sein Sprechzimmer kommen und ihm meinen Entschluss mitteilen.

Mir war eigentlich klar, dass ich die vorgeschlagene Chemotherapie machen sollte, aber in mir sträubte sich alles. Ich hatte schreckliche Angst, ich könnte sie vielleicht nicht durchstehen. Dann rang ich mich dazu durch, den Vorschlag des Arztes anzunehmen. Aber ich kann es nicht leugnen, dass ich bei diesem Gedanken doch sehr verzagt war.

Mich belastete es natürlich auch, dass meine Verkäuferin mir vor der schwerwiegenden Besprechung mit Dr. S. mitteilte, sie könne die viele Arbeit in der Boutique nicht bewältigen. Die Verantwortung wäre ihr zu schwer. Regina wusste nicht, welche Waren sie bestellen soll. Sie meinte, ich solle doch die Bestellungen aufgeben. Aber ich fühle mich im Augenblick so schwach und elend, ich kann einfach nicht mehr. In mir brach alles zusammen. Ich sagte zu Gott: Entweder du gibst mir jemanden für das Geschäft, der es kauft oder pachtet, oder ich muss es selbst weiterführen. Aber dann schenke mir meine Gesundheit wieder. Danach las ich die Losung vom 15.7.99: *Mit meinem Gott kann ich über Mauern springen. Alles ist möglich dem, der da glaubt.* Diese Losung las ich auch Regina durchs Telefon vor. Sie freute sich mit mir über dieses Wort und bezog es auch auf meine Chemotherapie. Ob ich nun die Chemotherapie nicht mehr über mich ergehen lassen muss? Ich werde die Chemo heute Abend absagen. *„Dein Wille geschehe, Herr!"* Wird der Arzt mich verstehen?

Es stimmt doch, dass alle Dinge dem möglich sind, der glaubt. Wie heißt es in dem bekannten Lied?

Der Glaube bricht durch Stahl und Stein
und kann die Allmacht fassen.

Der Glaube wirket all's allein, wenn wir ihn walten lassen.
Wenn einer nichts als glauben kann, so kann er alles machen;
der Erde Kräfte sieht er an als ganz geringe Sachen.

Habe heute Abend um 16 Uhr 30 einen Termin bei Dr. S. wegen der Chemo. Ich will sie absagen, weil ich mich auf das Wort der Losung verlassen will. Sie ist mir eine Verheißung von Gott. Ich brauche keine Chemo. Der Arzt ist aber anderer Ansicht. Dr. S. besteht sogar darauf und will sie unbedingt durchführen. Meine Freundin war bei diesem Gespräch auch anwesend. Sie sagte mir danach, der Arzt sei zwar nett und hilfsbereit, aber man müsse es Gott zutrauen, dass er mich auch ohne Chemo heilen kann. Aber wir beide müssen uns eingestehen, dass uns auch immer wieder Zweifel kommen und wir unschlüssig sind, wie wir handeln sollen. Warum nur ist das Leben so konfliktreich? Wir haben dann die Entscheidung auf einen späteren Termin, also auf den Donnerstag verschoben.

Herr, hilf mir! Ich will glauben, hilf meinem Unglauben. Gib mir Gewissheit über deinen Willen. In Jesu Namen. Amen!

18.7.99

Vater im Himmel, ich war noch nie so verzweifelt und unsicher wie gerade jetzt. Ich habe Angst, deinem Wort zu vertrauen und es als eine Verheißung anzunehmen. Was ist, wenn ich nachher feststellen muss, dass ich mich geirrt habe? Dann ist alles zu spät.

Mich überfällt gleichzeitig auch das seltsame beängstigende Gefühl, dass ich die Chemo gar nicht durchstehen kann. Ich will mein Geschäft nicht verlieren, das ich mir unter so viel Entsagungen aufgebaut habe. Vater, ich will deinen Willen tun, so oder so. Nur lass mich ihn erkennen.

19.7.99

Rosi rief an. Sie erzählte mir, sie habe Gott um ein Wort für mich gebeten und schlug in der Bibel Prediger 3 auf: *Verlass dich auf Gott und nicht auf deinen Verstand.*

Danke, Herr, für diese Bestätigung auf meinem Weg.

Luitgard und Esther besuchten mich. Ich erzählte ihnen von der Verheißung, die Gott mir gegeben hat. Sie machten mir Mut, weiter auf Gott zu vertrauen.

Danke, Herr! Bitte zeig mir deinen Weg und lass mich deinen Willen tun. Zeige deine Herrlichkeit auch in meinem Leben.

In Jesu Namen. Amen!

Regina rief bei mir an. Ich möchte doch mal Jakobus 5,13-16 lesen. Ich will es tun. Dort heißt es:

Leidet jemand unter euch, der bete; ist jemand guten Muts, der singe Psalmen.
Ist jemand krank, der rufe zu sich die Ältesten von der Gemeinde, dass sie über ihm beten und ihn salben mit Öl in dem Namen des Herrn.
Und das Gebet des Glaubens wird dem Kranken helfen, und der Herr wird ihn aufrichten; und so er Sünden getan hat, werden sie ihm vergeben sein.
Bekenne einer dem andern seine Sünden und betet füreinander, dass ihr gesund werdet. Des Gerechten Gebet vermag viel, wenn es ernstlich ist.

Heute Abend habe ich die Bibel aufgeschlagen und Psalm 107 gelesen. Eine ganze Reihe Verse wurden mir wichtig:

Danket dem Herrn; denn er ist freundlich und seine Güte währet ewiglich.
So sollen sagen, die erlöst sind durch den Herrn, die er aus der Not erlöst hat.
Die irre gingen in der Wüste auf ungebahntem Wege, und fanden keine Stadt, da sie wohnen konnten,
die hungrig und durstig waren und deren Seele verschmachtete.
Die dann zum Herrn riefen in ihrer Not, und er errettete sie aus ihren Ängsten.
Und führte sie den richtigen Weg, dass sie kamen zur Stadt, in der sie wohnen konnten.
Die sollen dem Herrn danken für seine Güte und für seine Wunder, die er an Menschenkindern tut, dass er sättige die durstige Seele und die Hungrigen fülle mit Gutem.
Die dann zum Herrn riefen in ihrer Not, und er half ihnen aus ihren Ängsten.
Er sandte sein Wort und machte sie gesund und errettete sie, dass sie nicht starben. Die sollen dem Herrn danken für seine Güte

und für seine Wunder, die er an den Menschenkindern tut.
Und sollen Dank opfern und seine Werke erzählen mit Freuden.

20.7.99
Habe heute die Bibel aufgeschlagen und 2. Chronika 16 gelesen. König Asa war schwer krank.

Er soll mir als warnendes Beispiel dienen. Er vertraute nicht auf Gott, und deshalb musste der Herr seinen Segen von ihm nehmen. Ein Fußleiden machte ihm zu schaffen, und das erzürnte ihn. Sein Fehler war, dass er an der falschen Stelle Rat suchte und nicht bei Gott. Lieber Gott, ich bin auch in einer bedrohlichen Situation. Dies ist mein Gebet zu dir: Ich will dich fragen, lieber Vater im Himmel, was hast du mit meinem Leben vor?

Ellen rief heute Morgen an und sagte mir, sie habe dem Hauskreis von meinen Zweifeln erzählt. Darauf hätte Nico gemeint, ich brauchte vor der Chemotherapie keine Angst haben, denn sie wäre wirklich gut verträglich. Alle Patienten, die er kannte, hätten anschließend die Klinik wieder verlassen können. Wieder quält mich die Unsicherheit. Was soll ich bloß tun? Ich weiß es nicht, ich weiß es wirklich nicht. Ich komme mir vor wie ein schwankendes Rohr, das vom Wind hin und her geweht wird.

Herr, ich will mich an dich wenden. Bitte zeige mir deinen göttlichen Willen. Und wenn ich ihn erkenne, dann schenke mir bitte die Kraft, ihn zu tun. Bewahre mich vor falschen Entscheidungen. Prüfe mein Herz. Führe mich den guten Weg des Glaubens. Danke, lieber Herr, vielen Dank. In Jesu Namen. Amen!

21.7.99

Ich beriet mich mit Herrn Dr. M. G. Er hat mir Mut gemacht, an den Verheißungen festzuhalten, die Gott mir gegeben hat. Er bot mir an, mich auch weiter zu betreuen.

Ich habe nun Frieden und Ruhe über meinem Entschluss, keine Chemo zu machen.

Hab Dank und Preis, Herr! Dir sei Ehre in Ewigkeit. Amen!

22.7.99

War mit Ellen in der Sprechstunde bei Dr. S., um die Chemo abzusagen. Wir hatten beide Angst vor diesem Gespräch. Aber alles lief besser, als wir es uns hätten vorstellen können. Es war einfach toll. Der Arzt erhob keine Einwände gegen meinen Entschluss. Ich erklärte ihm, dass ich mir über meine Behandlung viele Gedanken mache, aber zur Chemo kein Ja finden könne. Ich wüsste eben nicht, ob sie mir helfen würde. Aus diesem Grunde wollte ich mir eine solche Behandlung nicht antun. Mein Glaube würde mir auf dem Weg zur Heilung helfen. Außerdem wisse ich, dass Gott immer bei mir ist und mir hilft. Nachdem ich diese Worte über meine Lippen gebracht hatte, fühlte ich mich erleichtert. Frieden umfing mich. Ich betonte jedoch auch, wie wertvoll mir die Begleitung durch ihn sei. Dann bat ich ihn noch, er möge mir bitte nicht böse sein, ich könnte nicht anders handeln. Ich würde auch gerne weiterhin seine Hilfe in Anspruch nehmen. Er könne mich verstehen, versicherte er mir, und würde mir immer beistehen, wenn ich seinen ärztlichen Rat brauchte. In acht Wochen solle ich wieder zu ihm kommen. Für circa drei Tage würde er mich stationär aufnehmen und mich nochmals gründlich untersuchen. Ich bedankte mich herzlich. Dann stand der Arzt auf und bat mich um eine Umarmung. Ich war bewegt und drückte ihn fest an mich. Ich strich ihm über den Rücken und sagte leise: Danke! Ich bin so froh, dass ich Sie habe. Gott segne Sie!

Diese Begegnung war mir sehr wertvoll. Sie verlief besser, als ich es mir hätte vorstellen können.

Vater im Himmel, ich danke dir dafür. Segne bitte auch den Arzt.

An dieser Stelle brechen die Eintragungen im Tagebuch über einen längeren Zeitraum ab. Erst am 11.12.99 hat Bruni wieder zur Feder gegriffen.

Heute trat Dr. S. an mein Bett und sagte, er könne mich nicht mehr operieren, da der Krankheitsherd viel größer sei, als man je angenommen habe. Dr. W. stand dabei, hatte feuchte Augen und konnte mich nicht anschauen. Es fiel ihm schwer, mir noch irgendetwas zu sagen. Mir liefen ein paar Tränen über die Wangen. Keiner, weder die Ärzte noch ich, hatten mit einer so tückischen Krebserkrankung gerechnet.

Eigentlich sollte an diesem Abend wieder

ein Lobpreisabend stattfinden. Aber alle meine Freunde waren entsetzt, als ich ihnen die schlimme Nachricht zukommen ließ. Damit hatte keiner gerechnet. Meine Freunde und ich hatten doch um Heilung gebetet. Hörte Gott nicht auf unser Rufen? Trotz der niederschmetternden Diagnose trafen sich die Beter bei Ellen. Zuerst las einer die Geschichte von der Auferweckung des Lazarus aus der Bibel vor. Darin sagt Jesus: „Ich komme absichtlich zu spät zu meinem Freund Lazarus, damit ihr mir dennoch vertraut. Ich kann sogar Tote aus dem Grabe auferwecken." Nach der Betrachtung dieses Bibeltextes betete ein weiterer Freund um meine Gesundheit. Er betonte, man dürfe nicht so schnell die Flinte ins Korn werfen. Wir dürften auch nicht den Mut verlieren und die Hoffnung aufgeben. Einen guten Freund darf man nicht dem Sterben überlassen. Dieses Wort war für uns alle eine kräftige Ermutigung. Wir gewannen neue Hoffnung. Gott kann ein Wunder tun. So beteten alle im Glauben für mich.

Heile du mich, Herr, um deiner Ehre und um deines Namens willen. Amen!

Ich vertraue dir, ansonsten niemandem.

12.12.99

Mein Bibelwort, das ich heute Morgen las, steht in Jesaja 51.

Einige Verse bewegten mich:

Also werden die Erlösten des Herrn wiederkehren und gen Zion kommen mit Jauchzen, und ewige Freude wird auf ihrem Haupte sein. Freude und Wonne werden sie ergreifen; aber Trauern und Seufzen wird von ihnen fliehen.
Ich bin euer Tröster. Wer bist du denn, dass du dich vor Menschen fürchtest, die doch sterben, und vor Menschenkindern, die wie Gras vergehen, und vergessest des Herrn, der dich gemacht hat, der den Himmel ausbreitet und die Erde gründet? Du aber fürchtest dich täglich vor dem Grimm des Wüterichs, wenn er sich vornimmt zu verderben.
Der Gefangene wird eilends losgegeben, dass er nicht hinsterbe zur Grube, auch keinen Mangel an Brot habe.
Denn ich bin der Herr, dein Gott, der das Meer bewegt, dass seine Wellen wüten; sein Name heißt Herr Zebaoth.
Ich lege mein Wort in deinen Mund und bedecke dich unter dem Schatten meiner Hän-

de, auf dass ich den Himmel pflanze und die Erde gründe und zu Zion spreche: Du bist mein Volk.

Dr. W. saß an meinem Bett. Er sagte mir, dass mein Unterleib die Ursache meiner schweren Erkrankung sei. Mein Bauchfell sei schon voller Metastasen. Aus medizinischer Sicht gäbe es keine Möglichkeit, mich zu heilen. Zudem sei diese Erkrankung sehr schmerzhaft und qualvoll. Aber man würde mich medizinisch gut betreuen und mich auf meinem schweren Weg begleiten. Gegen meine Schmerzen würde mir Morphium verabreicht werden.

Papa, Mama und Heidi waren da.

Vater im Himmel, dein Wille geschehe. Zeige du deine Macht und Herrlichkeit. Leite die Ärzte in ihrem Handeln und begegne du ihnen auch. Gib ihnen Liebe und Verständnis für mich und lass sie auch dich als ihren Herrn kennenlernen. Gebrauche mich als deine Zeugin, dass ich ihnen das Evangelium sagen und auch vorleben kann. Amen!

Noch einmal bestätigte mir Dr. W., dass auch keine Chemotherapie geholfen hätte. Auch die Therapie zum Aufbau und zur

Stärkung des Immunsystems hätte dieser schweren Krebserkrankung nicht wehren können. Ich hatte also die richtige Entscheidung getroffen. Danke, Herr, dass du für mich eintrittst und mir Recht verschaffst.

Ach, wie sehr haben mich die Verse aus dem Propheten Jeremia erquickt.

... es ist eine Zeit der Angst ..., doch soll mir daraus geholfen werden.
Denn ich bin bei dir, spricht der Herr, dass ich dir helfe.
Dein Schaden ist verzweifelt böse und deine Wunden sind unheilbar.
Deine Sache behandelt niemand, dass er dich verbände; es kann dich niemand heilen.
Aber ich will dich wieder gesund machen und deine Wunden heilen, spricht der Herr.
Und ihr sollt mein Volk sein und ich will euer Gott sein.

Mir wird klar, dass keine Medizin und kein Mensch mir helfen kann. Nicht einmal Mistelspritzen. Vater im Himmel, du lässt dies zu, damit dir allein die Ehre zuteil wird. Jedermann soll erkennen, dass du allein Gott bist. Ich will dir vertrauen und weiß, dass mir deine Nähe immer Frieden bringt, ob im Leben oder im Sterben. Amen!

Ich habe heute in meiner Bibel Jesaja 53 aufgeschlagen. Da ist vom Leiden des Gottesknechtes die Rede. Wie viel Hoffnung liegt doch in den folgenden Versen:

> *Fürwahr, er trug unsere Krankheit und lud auf sich unsere Schmerzen. Wir aber hielten ihn für den, der geplagt und von Gott geschlagen und gemartert wäre.*
> *Aber er ist um unserer Missetat willen verwundet und um unserer Sünde willen zerschlagen. Die Strafe liegt auf ihm, auf dass wir Frieden hätten, und durch seine Wunden sind wir geheilt.*
> *Wir gingen alle in die Irre wie Schafe, ein jeder sah auf seinen Weg. Aber der Herr warf unser aller Sünde auf ihn.*

Jesus hatte gelitten und ist eines qualvollen Todes gestorben. Für mich und meine Sünden hing er am Kreuz auf Golgatha. Aber Gott hat ihn nicht dem Tod überlassen, sondern hat ihn wieder auferweckt. Seit diesem wunderbaren Ostermorgen dürfen wir Hoffnung haben, denn Christus ist auferstanden und lebt, lebt in Ewigkeit. Mit ihm darf auch ich leben, auch wenn ich sterbe.

13.12.99
Heute hat mich der Herr mit dem Bibelwort aus Zephanja 3,14-18 gegrüßt, erfreut und getröstet:

> *Jauchze, du Tochter Zion! Frohlocke, Israel! Freue dich und sei fröhlich von ganzem Herzen, du Tochter Jerusalem!*
> *Denn der Herr hat deine Strafe weggenommen und deine Feinde abgewendet. Der Herr, der König Israels, ist bei dir, dass du dich vor keinem Unheil mehr fürchten musst.*
> *Zur selben Zeit wird man sprechen zu Jerusalem: Fürchte dich nicht, Zion! Lass deine Hände nicht sinken!*
> *Denn der Herr, dein Gott, ist bei dir, ein starker Heiland. Er wird sich über dich freuen und dir freundlich sein, er wird dir vergeben in seiner Liebe und wird über dich mit Jauchzen fröhlich sein.*
> *Wie an einem festlichen Tag nehme ich von*

dir hinweg das Unheil, dass du seinetwegen keine Schmach mehr trägst.

Heute bekam ich lieben Besuch von Johannes R. und seiner Frau.

Vater im Himmel, habe Dank für ihre Liebe. Sie tut mir gut. Johannes und Martha legten mir die Hände auf und beteten mit mir. Sie beteuerten, dass sie für Gottes Willen offen wären. Der Herr werde auch mir Klarheit schenken. Wenn Gott mich heimholen will, dann wird er es mir klar zeigen. Er wird mich auf meine letzte steile Wegstrecke vorbereiten und mich begleiten. In seiner großen Liebe wird er mir helfen, dass ich die Schmerzen ertragen kann. Vielleicht kann er mich ja vor dem Allerschlimmsten bewahren. Der Herr könnte mir noch einen ganz besonderen Wunsch erfüllen: Ich möchte noch recht lange in meiner schönen Wohnung bleiben. Gerne würde ich auch noch etwas arbeiten.

Noch habe ich die Hoffnung nicht aufgegeben, dass Gott mich ganz gesund machen kann. Viele meiner Freunde und ich bitten dich darum. Lieber Vater im Himmel, zeige deine Macht und Herrlichkeit auch an mir und löse doch bitte deine Zusagen ein. Ich erwarte alles von dir, Herr. Handle so, dass dein Lob unter den Menschen groß werde. Lass viele über dein Handeln staunen, und rufe sie zu dir in deine Nachfolge. Amen!

Johannes R. rief am Abend noch einmal an. Danke, Herr, für dieses Gespräch. Es war sehr schön. Er machte mir Mut durchzuhalten. Gott kann mich heilen und Großes an mir tun. Herr, tue es doch bitte! Amen!

14.12.99

Vater im Himmel, in der Stille vor dir wird mir manches klar und deutlich. Ich weiß jetzt, dass ich mein kleines Ich in deine Hände legen muss. Dir will ich leben, und dir will ich auch sterben. Du hast mich in deine Nachfolge gerufen. Deine Zusagen und Verheißungen löst du ein. Herr, du sollst den Sieg über mich behalten. Oft bin ich so stark angefochten. Der Teufel will mich aus deiner Nähe reißen. Halte du mich fest. Amen!

Erst wollte ich immer glauben, dass ich gesund werde. Zunächst sah es ja auch so aus. Sogar die Ärzte hatten Hoffnung. Uta sprach mit der Sekretärin von Dr. S. Diese erzählte, wie mitgenommen Dr. S. war, als er den Operationssaal verlassen hatte. Er ging sofort in sein Zimmer und schloss die Tür hinter sich, was er nur ganz selten tut. Er war geschockt, denn mit dieser Diagnose hatte er nicht gerechnet.

Danke, lieber Herr, du zeigst mir in dem Verhalten des Arztes, dass ich ihm nicht gleichgültig bin. Er leidet mit mir, weil mein Bauchfell so stark von Metastasen befallen ist. Das hatte er nicht angenommen, denn ich bin noch so jung. Das ganze Leben liegt ja noch vor mir. Nun soll es mit einem Schlag ausgelöscht werden. Aber dein Wille geschehe.

Herr, segne den Arzt und schenke ihm viel Freundlichkeit und Liebe für mich, dass er mich recht behandeln und mir helfen kann. Mache mich tapfer. Ich will auch für den Doktor ein Zeugnis sein. Er soll dich kennenlernen. Bleibe mir ein starker Herr und Heiland. Amen!

15.12.99

Heute konnte ich deine Botin sein. Eine von den „grünen Damen“ (das sind ehrenamtliche Mitarbeiterinnen im Krankenhaus) ging weinend von meinem Bett weg, als sie von meiner schweren Erkrankung hörte und ich ihr sagen konnte, was der Herr mir bedeutet. Ich selbst kann nur immer wieder staunen, wenn ich mir bewusst mache, was du für mich getan hast. Von allen meinen Sünden bin ich erlöst, du hast mich von Bindungen befreit, ich durfte dir mein Leben übergeben, und nun bist du mein Herr und mein Erlöser. Auch wenn ich sterbe, bleibe ich dein geliebtes Kind. Vater im Himmel, ich danke dir für die Liebe deines Sohnes, für sein Opfer am Kreuz. Danke. Amen!

Ich habe Christel B. angerufen. Ganz offen habe ich mit ihr über den Glauben reden können. Auch Andrea und Carol sind gekommen. Wir nahmen uns in die Arme. Carol weinte die ganze Zeit, ich aber durfte fröhlich Zeugnis von dir geben. Gott war mir heute besonders nah. Ich verspürte sein heiliges Wirken. Heiland, ich danke dir, dass ich trotz meiner großen Schwäche und gefährlichen Erkrankung anderen deine Heilstaten deutlich machen darf. Das ist mir selbst ein Wunder. Zeige du deine Herrlichkeit an meinem kranken Leib.

Mit Papa konnte ich heute wunderbar telefonieren. Wir hatten uns so viel Wichtiges zu sagen. Auch Frau K. war hier. Herr, willst du mich nicht doch gesund machen? Ich hätte solche große Lust, für dich zu wirken.

Larissa rief an und bedankte sich bei mir. Der Krankenbesuch bei mir habe sie so froh gemacht, ja richtig glücklich sei sie in meiner Nähe geworden. Das Gespräch habe sie aufgerichtet. Schon seit langem habe sie sich einen Menschen wie mich gewünscht. Ich konnte ihr auch sehr viel von Christus sagen, und wir beteten auch miteinander. Danach war sie richtig froh und frei. Danke, lieber Herr, dass du mich auch hier in meinem Krankenzimmer in deinen Dienst stellst. Es ist einfach wunderbar, Menschen mit dir bekannt zu machen und ihnen zu helfen. Das Gebet übers Telefon verbindet mich mit vielen lieben Freunden.

16.12.99

Die Losung steht heute in Jesaja 49,1-6. Dies ist ein Lobpreis auf Jesus, unseren Erlöser. Welch ein Geschenk ist mir durch ihn zuteil geworden. Es ist mir ein Vorrecht, dass ich ihn, den Gottessohn, habe kennenlernen dürfen. Nun begleiten mich die Aussagen über Jesus durch meine schweren Tage. Sie geben mir Kraft:

... Der Herr hat mich berufen von Mutterleibe an, er hat meines Namens gedacht, als ich noch im Schoß der Mutter war.
Er hat meinen Mund wie ein scharfes Schwert gemacht, mit dem Schatten seiner Hand hat er mich bedeckt. Er hat mich zum spitzen Pfeil gemacht und mich in seinem Köcher bewahrt.
Und er sprach zu mir: Du bist mein Knecht, Israel, durch den ich mich verherrlichen will.
Ich aber dachte, ich arbeitete vergeblich und verzehrte meine Kraft umsonst und unnütz, wie wohl mein Recht bei dem Herrn und mein Lohn bei meinem Gott ist.
Und nun spricht der Herr, der mich von Mutterleib an zu seinem Knecht bereitet hat: Ich habe dich zum Licht der Heiden gemacht, dass du mein Heil seist bis an die Enden der Erde.

Ja, das ist wahr, musste ich denken. Gott hat Jesus gesandt. Durch ihn wird das Evangelium bis an die Enden der Erde vordringen.

Habe heute Frau R. angerufen. Sie hat sich so gefreut, als ich ihr sagte, dass es mir mit Jesus, meinem Heiland, gut geht. Er ist immer bei mir. Ich machte ihr Mut, sich fest an Jesus zu klammern, an ihn zu glauben und ihm zu vertrauen. Seine Wege sind immer richtig und gut. Im Stillen musste ich beten: Vater im Himmel, segne diese Familie und lass sie dich erfahren. Amen!

Heute kam auch Gitti. Sie war mir ein Geschenk von dir. Sie las mir den 103. Psalm vor. Er wurde mir zu einer inneren Freude:

Lobe den Herrn, meine Seele, und was in mir ist, seinen heiligen Namen! Lobe den Herrn, meine Seele, und vergiss nicht, was er dir Gutes getan hat:
der dir alle deine Sünde vergibt und heilet alle deine Gebrechen,
der dein Leben vom Verderben erlöst, der dich krönet mit Gnade und Barmherzigkeit,
der deinen Mund fröhlich macht, und du wieder jung wirst wie ein Adler …
Barmherzig und gnädig ist der Herr, geduldig und von großer Güte …
Er handelt nicht mit uns nach unseren Sün-

den und vergilt uns nicht nach unserer Missetat.
Denn so hoch der Himmel über der Erde ist, lässt er seine Gnade walten über denen, die ihn fürchten.
So fern der Morgen ist vom Abend, lässt er unsere Übertretungen von uns sein.
Wie sich ein Vater über Kinder erbarmt, so erbarmt sich der Herr über die, die ihn fürchten.

Dann las mir Gitti noch ihre Lieblingsverse aus Psalm 4 vor:

Erhöre mich, wenn ich rufe, Gott meiner Gerechtigkeit,
der du mich tröstest in Angst; sei mir gnädig und erhöre mein Gebet.
Erkennet doch, dass der Herr seine Heiligen wunderbar führt; der Herr hört, wenn ich ihn anrufe.
Herr, lass leuchten über uns das Licht deines Antlitzes!
Ich liege und schlafe ganz im Frieden; denn allein du, Herr, hilfst mir, dass ich sicher wohne.

„Gitti, diese Worte gelten dir“, machte ich ihr Mut. „Nimm sie als Motto für dein Leben, nimm sie ganz persönlich. Du darfst dich Christus in die Arme werfen und alle Zusagen aus seinem Wort für dich in Anspruch nehmen.“ Das junge Mädchen wurde mit einer tiefen Sehnsucht nach Gott erfüllt. Wir beteten noch miteinander. Dabei sprach sie: „Herr, lass mich dich kennenlernen und dich annehmen.“ Wer so Gottes Namen anruft, der wird errettet werden. Danke, lieber Herr! Du bist wunderbar. Führe Gitti auf deinem Weg. Sie braucht dich ganz dringend. Sie ist ja noch so jung, und dies sind ihre ersten Schritte auf dich zu. Amen!

Ich rief Gitti noch einmal an. Sie hat die Hand, die Jesus ihr entgegenstreckte, ergriffen. Ich bin sehr glücklich darüber. Wir beteten noch einmal übers Telefon. Für Gitti war dies eine neue Erfahrung. Satz für Satz sprach ich ihr ein Gebet vor, und sie wiederholte es. Welch eine Freude bereitet mir Gott dadurch, dass ich sogar von meinem Krankenlager aus Menschen zu ihm führen darf.

17.12.99

Heute rief mich Karin J. an. Sie fragte, ob ich ihr mein Geschäft übergeben könnte. Diese Frage beschäftigte mich intensiv. Ich liebe doch meine Arbeit. Muss ich sie jetzt hergeben? Vater im Himmel, dein Wille geschehe. Ich habe den Eindruck, ich werde immer ärmer. Ich verliere meine Kraft, meine Gesundheit, mein Geschäft. Aber danke, lieber Herr, dass ich dich nicht hergeben muss. Meine Freunde kommen zu mir und besuchen mich. Ob sie sich wohl von mir verabschieden wollen? Abschied tut sehr weh, auch wenn mich ihre Besuche erfreuen. Als ich Axel die Hand drückte, rief ich ihm zu: Ob wir uns wohl im Himmel wiedersehen?

18.12.99

Die Losung für diesen Tag lautet: *Fürchte dich nicht, denn ich bin mit dir. Weiche nicht, denn ich bin dein Gott.*

Trotz dieser wunderbaren Zusage bin ich heute sehr angefochten. Habe in meiner Not Ellen angerufen. Sie hat mir Mut zugesprochen. Danach ging es mir besser. Ich darf in meinem Schmerz nicht allein bleiben, sondern brauche dringend Gebetsunterstützung.

Dr. S. kam zu mir und setzte sich ans Bett. Danach zog er mir die Fäden. Er will mich auch in meinem Geschäft besuchen. Ach, wie viel mir ein solcher Satz bedeutet! Hat der Arzt doch noch Hoffnung für mich? Werde ich wieder gesund?

19.12.99
Heute habe ich starke Schmerzen. Herr, zeige mir, ob ich noch weiterleben soll, oder ob du mich zu dir heimholst. Vater im Himmel, ich vertraue dir. Lass mich dich von ganzem Herzen lieben. Gib mir ein beständiges Herz. Schenke mir Weisheit und Verstand, die Gabe der Liebe und des Glaubens. Herr Jesus, ich bin doch dein Kind. Zeige mir deine Herrlichkeit. Amen!

20.12.99
Die Losung lautet: *Der Herr sprach zu Paulus: „Ich sende dich zu den Heiden, um ihnen die Augen aufzutun, dass sie sich bekehren von der Finsternis zum Licht.“*

Herr, wenn du willst, dann lass mich ein Paulus sein. Auch ich will Menschen zu dir führen. Ich will mich von dir auch so in den Dienst nehmen lassen, wie du es bei dem größten Apostel aller Zeiten getan hast. Mein ganzes Leben soll dir gehören.

21.12.99
Heute wurde ich aus dem Krankenhaus entlassen.

22.12.99
Dr. K. war hier. Er nahm sich viel Zeit für mich. Ich durfte ihm meinen Glauben bekennen. Wie wird es mit mir weitergehen? Herr, ich will dein Werkzeug sein. Rühre doch bitte meinen kranken Leib an. Heile die Bauchschmerzen. Du siehst auch, wie gefühllos mein Rücken geworden ist. Ich bin so steif, fast wie gelähmt. Schenke mir auch einen stabilen Kreislauf. Ich bin oft so müde und zerschlagen. Ich brauche neue Kraft. Mach mich doch ganz gesund. Bitte, lass es bald geschehen. Aber ich will mich ganz deinem Willen fügen. Zeige ihn mir. Ich halte dir dein Wort und deine Zusagen vor Augen. Ich will dir keine Ruhe lassen. Vater, nichts, aber auch gar nichts, keine Macht der Welt soll mich von dir trennen. Die Menschen um mich herum sollen sehen, dass du mich liebst.

Viele Freunde rufen mich an. Stefan ist dir, lieber Vater, durch unser Gespräch sehr nahe gekommen. Lass ihn nun auch noch den letzten Schritt zu dir hin tun. In dir soll er leben. Amen!

Heute konnte ich fast gar nicht schlafen. Es ging mir sehr schlecht. Mein Bauch scheint zu zerplatzen. Alles, was ich esse, liegt mir wie ein schwerer Stein im Magen. Dr. K. besuchte mich. Er machte mir keine Hoffnung. Er riet mir, alle meine persönlichen und geschäftlichen Angelegenheiten zu regeln. Jetzt ist die Zeit des Todes für mich gekommen. Warum nur ist Sterben so schwer? Nachts konnte ich nicht schlafen. Ich hörte mir Predigten auf Kassetten an. Alles, was mich nicht in Gott stark macht, soll ich für Schaden erachten. Ich dachte, bis ich dieses Ziel erreiche, muss meine Hingabe an Gott ganz anders aussehen.

Vater im Himmel, vergib mir meine Ängste, meine Zweifel. Präge du dein Bild in mein Herz hinein. Amen!

Nach diesem Gebet hatte ich für kurze Zeit das Gefühl, die himmlische Herrlichkeit zu verspüren. Es war so schön, das kann ich gar nicht beschreiben.

23.12.99
Ich bin an meinem Tiefpunkt angelangt. Konnte die Nacht wieder nicht schlafen. Mein Bauch und meine Brust bereiteten mir wahnsinnige Schmerzen.

24.12.99
Heute Morgen ging es mir besser. Ich hatte zum Teil auch gut geschlafen. Mein Bauch schmerzt aber immer noch.

Vater im Himmel, ich bin gespannt, wie es mit mir weitergeht. Zeige du deine Macht an meinem kranken Leib. Heile mich bitte bald. Lass mich deinen Willen erkennen. In allem!

Vater, bereite du jetzt schon den morgigen Gebetsabend vor. Lass unsere Gebete zu dir durchdringen. Erhöre unser Rufen und Schreien. Segne alle Beter. Danke. Amen!

25.12.99
Heute Nacht habe ich nicht schlafen können, aber es geht mir trotzdem recht gut. Ich sah Jesus am Kreuz, wie er für mich und für alle Menschen die Schuld trug und dafür den Tod auf sich nahm. Ich wurde bereit, auch meine Schmerzen zu tragen, denn sie sind nichts im Vergleich zu dem Leiden des Got-

tessohnes. Wer leidet, darf auch Hoffnung haben, dass er in der Herrlichkeit einmal bei Gott sein darf.

26.12.99
Konnte heute Nacht gut schlafen. Ich bat Gott, mich in meinem Glauben zu stärken. Alles, was mich daran hindert, in Gott zu ruhen, möge der Herr von mir fernhalten.

Heute rief ich Lotte Bormuth an. Sie hat mir zu Weihnachten einen lieben langen Brief geschrieben und mir ein wunderschönes Buch geschickt. In ihren Zeilen teilt sie mir mit, wie sie in letzter Zeit sehr oft an mich erinnert wurde. Ich erzählte Frau Bormuth von meiner Krebserkrankung. Sie war sehr erschüttert und tröstete mich. Sie will noch intensiver für mich beten. Sie fügte aber noch hinzu: Ich will Ihnen keine falschen Hoffnungen machen. Gott kann Sie heilen. Er kann große Wunder tun, auch an Ihnen. Manchmal aber ist es ein noch größeres Wunder, wenn Gott die Kraft gibt, das auferlegte Leid zu tragen. Gottes heiliger Wille soll über Ihrem Leben geschehen. Danke, Herr, für die Gebetsunterstützung durch Frau Bormuth und ihre Mitarbeiter. Amen!

29.12.99
Morgen will ich zum ersten Mal wieder arbeiten. Meine Freunde würden es lieber sehen, wenn ich mich noch etwas schonen würde. Ich will beten, dass Gott mir für mein Geschäft tüchtige Leute schickt. Durch einen Anruf meldete sich Andrea. Sie würde mir gerne in meiner Boutique aushelfen. So ist auch dieses Problem wieder gelöst. Vater im Himmel, nimm bitte alle meine Angelegenheiten in deine Hand. In deinem Wort heißt es doch: *Keiner wird zuschanden, der deiner harrt.*

Johannes R. besuchte mich und schlug mir vor, wir sollten im Gebetskreis das Abendmahl feiern. Erst war ich traurig, weil ich dadurch an den Tod erinnert wurde, aber dann dachte ich an die wahre Bedeutung des Abendmahls. Ich wurde darüber froh, denn darin zeigt sich die Liebe Jesu in ganz wunderbarer Weise. Er lädt uns Menschen an seinen Tisch und lässt uns teilhaben an Brot und Wein, die den Leib und das Blut unseres Herrn darstellen. Jesus hatte ja kurz vor seiner Kreuzigung mit seinen Jüngern dieses Mahl gefeiert.

31.12.99
Die Losung von heute ist so schön. *Kehrt euch zu mir, so spricht der Herr Zebaoth, so will ich mich zu euch kehren* Sacharja 1,3.

Und der Lehrtext dazu lautet noch: *Der Herr hat Geduld mit euch. Er will nicht, dass jemand verloren werde, sondern dass jedermann zur Buße findet* 2. Petrus 3,9.

Danke, Herr, für dieses wegweisende Wort. Es ist auch mein Wunsch, dass sich viele Menschen zu Gott kehren und sich nicht mit Geringerem zufriedengeben. Dafür möchte ich mich einsetzen, dass Gottes Reich gebaut werde. Für das neue Jahrtausend ist das mein sehnlichstes Begehren. Herr, lass mich deine Botin sein. Ich will an dir festhalten. Schenke mir ein reines Herz und einen neuen, gewissen Geist. Mit deiner Liebe möchte ich die Menschen lieben, großer Gott.

1.1.2000
An diesem Tag war ich ziemlich am Boden zerstört. Ich musste weinen und fühlte mich schrecklich einsam. Auch zum Gebetskreis am Abend meldete sich niemand telefonisch an. Es schien mir, als hätten meine Freunde alle Lust verloren, weiter für meine Heilung zu beten.

Aber gegen 21 Uhr kam Rosi. Bei ihr konnte ich mich ausweinen. Das tat mir gut. In dieser Nacht konnte ich richtig gut schlafen. Ich will weiter an Gott festhalten.

2.1.2000
Heute ging es mir so gut wie schon lange nicht mehr. Ich machte mit Mama nach langer Zeit wieder einmal einen wunderschönen Spaziergang. Mit Papa habe ich mich sehr gut unterhalten. Heute Nacht musste ich an ein Lied denken. Ich summte es vor mich hin: „Es ist Kraft, wunderbare Kraft in dem Blut des Herrn!" Auch an das Abendmahl wurde ich ständig erinnert. Wie sehr ich mich darauf freue. In der Begegnung mit Jesus liegt für mich das Heil. Alles will ich von ihm erwarten: Heilung, Reinigung von all meinen Sünden und das ewige Leben. Am Tag, an dem wir das Abendmahl feiern wollten, stand ein herrliches Wort in der Losung:

> *„Heiligt euch, denn morgen will der Herr ein Wunder unter euch tun." Herr Gott, du gibst mir so viele Verheißungen. Welch ein Wunder willst du an mir tun? Willst du mich heilen? Wenn du es anders für mich*

bestimmt hast, dann schenke mir das Wunder, dass ich Kraft habe, mein Schicksal anzunehmen. Herr Gott, du gibst mir so viele Zusagen. Danke!

11.1.2000

Habe heute Mittag das erste Mal wieder gearbeitet. Es ging mir gut dabei, denn es war nur wenig Kundschaft im Laden.

13.1.2000

Heute war bei mir Hauskreis. Einer meiner Freunde hat sich zu Gott bekehrt. Welch eine Freude war dies für mich. Diese Hinwendung zu Gott geschah ohne viel Aufhebens und war doch so echt.

26.1.2000

Es ging mir heute Nacht wirklich sehr schlecht. Ich rief Dr. K. an. Er riet mir, Schmerzmittel zu nehmen. Der Unterleib macht mir sehr zu schaffen. Er ist stark aufgebläht und steinhart. Ich leide an Krämpfen. Auch das Wasserlassen wird zu einem Problem. Unterhalb des Brustbereichs verspüre ich entsetzliche Schmerzen. Ob dort wohl auch schon Kot sitzt? Die Därme versagen mir den Dienst. Ich werde an

Darmverschluss sterben müssen. Jetzt bin ich wirklich elend dran. Alles ist so hoffnungslos. Vater im Himmel, lass mich nicht gar so arg leiden, wenn mein Ende kommt. Habe Nehemia 8 aufgeschlagen. Dort stand: *Seid nicht bekümmert, denn die Freude am Herrn ist eure Stärke.*

27.1.2000
Dr. K. war bei mir. Es stünde schlecht mit mir, sagte er. Die Krankheit sei weit fortgeschritten. Jetzt könnten nur noch Schmerzmittel mein Leid etwas lindern. Ich bete viel, aber mein Bauch bleibt hart, steinhart. Er ist noch immer stark aufgebläht.

28.1.2000
Es geht mir immer schlechter. Mein Darm funktioniert gar nicht mehr. Alles ist so qualvoll. Ich möchte am liebsten verzweifeln. Der Teufel hält mir meine Sünden vor, aber ich will mit Gottes Barmherzigkeit rechnen. Gott liebt mich, das bleibt bestehen. Danke, Herr. Amen!

Hier brechen die Aufzeichnungen im Tagebuch ab. Gott hatte Bruni nach schweren

Wochen von ihrem Leiden erlöst und sie in sein Reich aufgenommen.

Als ich das Tagebuch aus der Hand legte, musste ich ein anderes Buch aufschlagen. Bewegten Herzens las ich die Verse aus Offenbarung 21,3:

> *Siehe da, die Hütte Gottes bei den Menschen! Und er wird bei ihnen wohnen, und sie werden sein Volk sein, und er selbst, Gott mit ihnen, wird ihr Gott sein; und Gott wird abwischen alle Tränen von ihren Augen, und der Tod wird nicht mehr sein, noch Leid noch Geschrei noch Schmerz wird mehr sein; denn das Erste ist vergangen ...*
> *Siehe, ich mache alles neu!*
> *Wer überwindet, der wird es alles ererben und ich werde sein Gott sein, und der wird mein Sohn, meine Tochter sein.*

Heute war ich bei Brunis Eltern. Ich wollte ihnen einen Besuch abstatten und ihnen das Tagebuch persönlich zurückgeben. Diese letzten Aufzeichnungen sind mir überaus wertvoll, und ich habe Angst, dass sie verloren gehen könnten, wenn ich sie mit der Post schicke. Als ich an der Haustür klingelte, hörte ich ein lautes Bellen. Ein kleiner Spitz begrüßte mich im Flur. Ich beugte mich zu ihm hinunter und er sah mich mit seinen dunklen Augen an. „Das ist Brunis Hund", erklärte mir der Vater. „Bruni hat ihn uns übergeben. Sie glauben gar nicht, wie traurig Polli war, als Bruni nicht mehr aus dem Krankenhaus nach Hause kam. Manchmal hat er ganze Nächte gejault. Er hat sich immer vor Brunis Bett gelegt, so als warte er auf sein Frauchen. Aber das Bett blieb leer. Polli begleitet uns, wenn wir auf den Friedhof gehen. Hoffentlich bleibt uns das treue Tier noch lange erhalten."

Auf dem Nachhauseweg wurde ich sehr nachdenklich. Was bleibt von einem Menschen, den wir liebten, übrig? Ein Grabhügel, sein Hund, seine Tagebuchaufzeichnungen und die Erinnerung an ihn. Ich wurde wehmütig. Aber dann kam mir ein Ausspruch Dietrich Bonhoeffers in den Sinn. Er tröstete mich: „Je schöner und voller die Erinnerung, desto schwerer ist die Trennung. Aber die Dankbarkeit verwandelt die Erinnerung in eine stille Freude. Man trägt das vergangene Schöne nicht wie einen Stachel, sondern wie ein kostbares Geschenk in sich."

Als Krankenschwester im Lazarett

Eine gute Bekannte berichtet:

Schrecklich waren die Kriegsjahre, die ich in Berlin zubringen musste. Ich hätte lieber einen anderen Arbeitsplatz gehabt, denn die Hauptstadt Deutschlands wurde in vielen Nächten von heftigen Bombardements heimgesucht. Ich war als Krankenschwester in ein Lazarett beordert worden, und zu meiner Aufgabe gehörte es, Schwerstverwundete zu pflegen. Mein Dienst war sehr hart und es gab nicht einmal geregelte Arbeitszeiten für uns. Wenn ein Verwundetentransport eintraf, haben wir bis spät in die Nacht hinein schuften müssen. Einmal saß ich am Bett eines jungen Soldaten, und mich überkam ein entsetzlicher Schmerz. Ich litt, als ich sah, dass ihm beide Beine und der rechte Arm amputiert werden mussten. Der Leutnant war gerade erst 24 Jahre alt. Auf seinem Nachttisch stand das Foto seiner Verlobten, einer hübschen jungen Frau. In seinen Augen war die bange Frage abzulesen: Was ist von mir eigentlich noch übrig geblieben? Wie überstehe ich den morgigen Tag? Inge will aus Dresden kommen und mich zum ersten Mal besuchen. Wird sie weiterhin zu mir stehen? Ich bin jetzt ein Krüppel, ein elender Krüppel, und sie ist eine gesunde Studentin. „Schwester", fragte er mich, „was, meinen Sie, wird Inge zu mir sagen? Ich sehne mich so sehr danach, meine Inge wiederzusehen, und doch überfällt mich die Angst. Wenn sie ihren gesunden Menschenverstand einsetzt, muss sie sich von mir trennen. Mein Leben ist zerstört, und ich darf meine Verlobte in dieses Chaos nicht mitnehmen. O Gott, wie übel hat mir das Leben mitgespielt."

Ich könnte unzählige Beispiele von tragischen Schicksalen aufzählen. Da war ein Major aus Ostpreußen. Eine Granate hatte ihm fast das halbe Gesicht weggerissen. Gewiss, unsere Ärzte hatten Großes geleistet, um diesen Offizier wieder mühselig zusammenzuflicken, aber zu einem menschenwürdigen Aussehen konnten sie ihm nicht mehr verhelfen. Der Kiefer, das Nasenbein und das linke Auge waren durch die mörderische Munition zerfetzt worden. Er war so entstellt, dass er zu mir sagte: „Mit diesem Aussehen kann ich mich nicht mehr als Lehrer vor eine Klasse stellen, wenn ich aus dem Lazarett entlassen werde. Nie mehr werde ich Shakespeares Dramen und Hölderlins Gedichte behandeln können. Ich habe auf der ganzen Linie verspielt.“

Ich will hier abbrechen. Diese entsetzlichen Schicksale haben mich unsagbar traurig gemacht. In diesen drei Jahren, in denen ich in Berlin eingesetzt war, habe ich so viel Elend gesehen, dass ich selbst mutlos und verzagt wurde. Manche verzweifelten Augen haben mich bis in meine Träume hinein verfolgt und ich musste gegen eine große Schwermut ankämpfen. Aber ich habe durchgehalten und versucht zu helfen, wo immer ich konnte.

Wie dankbar waren die Kameraden, wenn ich abends nach Dienstschluss an ihr Bett trat und ihnen einen Brief von ihren Eltern oder von ihrer Frau vorlas, weil sie es selbst nicht mehr vermochten. Noch nie in meinem Leben habe ich so viele Briefe geschrieben wie in der Zeit meines Berlinaufenthalts. Die Mütter wollten wissen, wie es ihren Söhnen geht, und die Söhne wollten wieder einmal eine Nachricht von zu Hause haben. Wie geht's meinen Kindern? Steht unser Haus noch? Ist Vater im Heimaturlaub? Was wisst ihr von Egon, meinem Bruder? Viele der Verwundeten konnten wegen ihrer Verbände weder lesen noch schreiben. Einige waren auch erblindet oder ihre Hände waren amputiert worden.

Dann rückte die Ostfront immer näher. Nacht für Nacht mussten wir unsere Verwundeten in den Luftschutzkeller schleppen, weil der Bombenhagel unsere Stadt in ein Feuermeer verwandelte. Vom Osten her drang der Kanonendonner immer näher zu uns herüber. Wie lange würden die deutschen militärischen Einheiten den Russen standhalten können? Es gab immer weniger Ärzte und Krankenschwestern, die an ein Wunder durch den Führer glaubten, denn noch war Deutschland nicht verloren. Es galt auszuharren. Die Wunderwaffe würde eingesetzt werden und würde den Feind bezwingen. Wir würden siegen.

Kurz vor der Bombardierung Dresdens am 12. Februar 1945 erging an uns der Befehl, mit unseren Verwundeten nach Mecklenburg zu flüchten. Ein Sonderzug wurde für uns bereitgestellt, und wir alle atmeten erleichtert auf, als wir endlich das zerbombte Berlin verlassen durften. In einem Schloss auf dem Lande fanden wir eine notdürftig eingerichtete neue Bleibe. Das große Anwesen, das nun die Schwerstbeschädigten aufnehmen sollte, gehörte einem Grafen. Wir hofften, wir würden in die Hände der Engländer oder der Amerikaner fallen, und nicht durch den Einmarsch der Sowjets in russische Gefangenschaft geraten, denn über die Russen wurden schreckliche Gräueltaten verbreitet. Wir hatten Glück. Ende April rollten amerikanische Panzer über Mecklenburgs Straßen. Sie waren mit farbigen Soldaten besetzt. Später wurden wir den Engländern übergeben und landeten schließlich doch in russischer Gefangenschaft. Ärzte, Schwestern und Verwundete wurden zu Kriegsgefangenen erklärt. Auf geheimnisvolle Weise gelang mir am 26.9.1945 die Flucht. Mein Mann war schon vor mir aus dem Lager der Engländer nach Hause entlassen worden. Wir fanden uns und waren an dem Tag wohl die glücklichsten Menschen, als wir uns endlich in die Arme schließen konnten. Beide hatten wir den Krieg heil überstanden. Das kam einem Wunder gleich. Wenn wir auch arm waren wie Bettler, so hatten wir doch unser Leben gerettet.

Und wo ist das dritte Baby?

Die beiden Jahre, die nun folgten, waren noch immer von Wohnungsnot, Hunger und Kälte bestimmt. Doch so nach und nach normalisierte sich das Leben, weil wir endlich unseren Magen wieder füllen konnten. Wer Wertgegenstände besaß, konnte auf dem Schwarzmarkt Lebensmittel erstehen. Für eine alte Küchenuhr, ein silbernes Armband oder ein paar Sammeltassen ließen sich bei den Bauern Zuckerrüben, Korn, Eier und Kartoffeln eintauschen. Die Hauptsache aber war, dass ich meinen Mann gefunden hatte und wir in einem kleinen Zimmer in der Wohnung meiner Eltern eine Bleibe hatten.

Für mich hing der Himmel voller Geigen, als ich schwanger wurde. Wir träumten beide von einer großen Kinderschar. Der Anfang war gemacht, nun konnte unser Glück seinen Lauf nehmen. Wir würden ein Baby bekommen. Hoffentlich sieht man es bald, damit sich auch andere an diesem Segen mitfreuen können, dachte ich.

Aber es kam alles ganz anders. In einer

Nacht ging es mir plötzlich sehr schlecht. Ich wurde in eine Klinik gebracht und erlitt eine Fehlgeburt. Fast wäre ich daran verblutet. Die Ärzte suchten nach den Ursachen für den hohen Blutverlust und stellten eine Diagnose, die mich in tiefe Verzweiflung stürzte. Ich musste mich sofort einer Totaloperation unterziehen, denn ich litt an Krebs. Für mich brach eine Welt zusammen. Ich war noch so jung und musste mich damit abfinden, dass ich nie ein Kind im Arm halten könnte. Ich hatte mich so sehr auf die Geburt unseres ersten Kindes gefreut, hatte schon meinen Schal aufgetrennt, um aus dieser Wolle Babyjäckchen zu stricken, und nun musste ich alle meine Hoffnungen begraben. Ich weinte in meinem tiefen Kummer viele Tränen und war froh, dass mir mein Mann in meinem Leid beistand. Er selber litt ja auch ungemein, denn der Traum von einer halben Fußballmannschaft war zerplatzt.

Den größten Trost erfuhr ich von Gott. In ganz jungen Jahren hatte ich ihm mein Leben anvertraut und war Christ geworden, und so holte ich mir Kraft aus seinem Wort. Es waren besonders die Psalmen, die mich stärkten und ermutigten. Viele der rot angestrichenen Stellen in meiner Bibel stammen aus dieser Zeit. Ich konnte vor dem Herrn mein Herz ausschütten. Ein Bibelvers war mir zu einem Schlüsselwort geworden: „Rufe mich an in der Not, so will ich dich erretten, so sollst du mich preisen." Aber es gab auch Zeiten, in denen ich unglücklich, ja untröstlich war. Hätte ich da nicht meine frommen Eltern und den Halt in meiner Gemeinde gehabt, mein Glaube wäre wohl gescheitert. Diese Menschen standen mir bei und beteten für mich. Mir fehlte in diesen Wochen die Kraft, um meine Hände zu falten. Ich war auch körperlich recht schwach und gebrechlich, und dieser erbärmliche Zustand dauerte ungefähr zwei Jahre an. Dass ich diese Krebserkrankung durchstehen konnte, erscheint mir bis heute wie ein Wunder. In der Nachkriegszeit fehlten dringend benötigte Medikamente, und ich hätte auch gutes, nahrhaftes Essen gebraucht. Kuren gab es damals auch noch nicht. Die Zeit war sehr trostlos.

Als es mit mir gesundheitlich aufwärts ging, entdeckte ich meine Kreativität. Ich bastelte Puppen, die ich dann für Speck, Eier und Äpfel eintauschte. So entstanden große Puppen, kleine Puppen, Jungen und Mädchen. Ich kleidete sie in rote Seide oder zog ihnen Trachtenkleider an. Aus Stoffresten nähte ich die herrlichsten Kleidchen und Höschen. Mit meinem Mann zusammen baute ich sogar ein Puppenhaus, und so langsam nahm der Gedanke, ob wir nicht doch ein Kind adoptieren sollten, Gestalt in uns an. Der Wunsch nach einem kleinen Wesen, das wir lieben und pflegen konnten, wurde immer stärker. Aber wir wohnten sehr beengt, sodass wir uns schon damit abgefunden hatten, ohne Kinder leben zu müssen. Zehn Jahre mussten wir warten, bis uns das Jugendamt gestattete, ein Kind zu adoptieren. Kaum zu glauben, dass der bürokratische Aufwand so groß war, denn der angemessene Wohnraum musste bei einer Adoption vorhanden sein.

Dann starb meine Mutter. Vater gab uns noch ein Zimmer von seiner Wohnung ab. In das andere Zimmer zog eine Flüchtlingsfamilie aus Tilsit ein. Vater selbst war mit einem Raum zufrieden.

Mit tat es sehr leid, dass meine Mutter es nicht mehr miterleben konnte, wie wir zu unserem Glück kamen, denn schon einen Tag nach ihrem Tod wurden in Hannover unsere Zwillinge geboren. Aber zu diesem Zeitpunkt war auch uns dieses wunderschöne Geheimnis noch verborgen.

Seit längerer Zeit hatte ich Verbindung zu einem Heim in Niedersachsen, in dem schwangere Mädchen Aufnahme fanden. Sie wurden dort von ihren Kindern entbunden und konnten noch eine Zeit lang wohnen bleiben, bis eine Lösung für ihr Baby gefunden wurde. Voller Erwartung fuhr ich in dieses Säuglingsheim. Wir hielten Ausschau nach einem Kind und wollten dann später noch ein Geschwisterchen dazu adoptieren. Mit vielen Gebeten und ängstlichem Herzen trat ich die Reise nach Hannover an. Ich suchte zunächst eine Freundin auf, die mich zu meiner Freude auf all meinen Wegen begleitete. Wir gingen zur Oberin des Mädchenheims und erzählten ihr von meinem Vorhaben.

„Ach, Sie möchten gern zwei Kinder adoptieren?“, griff sie meinen Wunsch auf. „Da kommen Sie mir gerade recht. Ich habe nämlich Zwillinge, die vor zwei Monaten geboren wurden. Die Mutter dieser beiden Mädchen ist Vollwaise und ist selbst in einem Heim groß geworden. Sie fühlt sich nicht in der Lage, für ihre Kinder zu sorgen, und möchte sie gern in gute Hände abgeben. Eigentlich waren die beiden Babys einer anderen Familie zugedacht gewesen, aber durch die Arbeitsfülle in unserem Haus bin ich nicht dazu gekommen, den Brief fertig zu schreiben. Ich war mir auch nicht ganz sicher, ob es der rechte Weg ist. So zögerte ich meine Entscheidung hinaus. Im Stillen habe ich mich selbst gefragt: Gott, warum? Ich hätte diese beiden Mädchen gern einem Elternpaar gegeben, das sie christlich erziehen würde. Wie sehr freue ich mich, dass Sie gerade zum richtigen Zeitpunkt kommen. Das ist eine wunderbare Führung unseres himmlischen Vaters. Jetzt weiß ich auch, warum ich abgehalten wurde, den Brief fertig zu schreiben."

Die Oberin war eine bewusste Christin. Nach diesem so erfolgreichen Gespräch hatte ich nur den einen Wunsch: Ich wollte so schnell wie möglich wieder nach Hause fahren und die Adoption mit meinem Mann besprechen. Würde er diesem Vorschlag zustimmen? Ein Telefon besaßen wir damals nicht. Also ging ich zum Bahnhof und wartete auf den nächsten Zug nach Hause.

Ich wollte mich nicht Hals über Kopf in ein Abenteuer stürzen, sondern alles in Ruhe überlegen und Gott um Rat fragen.

Mein Mann ist ein wunderbarer Mensch, großzügig, liebevoll und verantwortungsbewusst. „Marlene, wenn du es mit zwei Kindern schaffst, dann will ich zustimmen. Ich will nicht danach fragen, woher die Kinder kommen und wer ihre Eltern sind. Wir wollen sie aus Gottes Hand annehmen und seinen Segen für unseren Entschluss erbitten. Unter seinen guten Händen wird unser Vorhaben gelingen. Hätten wir eigene Kinder, dann wüssten wir auch nicht von vornherein, ob wir sie zu lebenstüchtigen Menschen erziehen könnten. Wir wollen diese beiden Mädchen bei uns aufnehmen, ihnen viel Liebe geben und sie gut versorgen, so als wären sie unser eigen Fleisch und Blut. Gott möge uns dabei helfen."

Jetzt war ich der glücklichste Mensch. Ich würde Mutter sein können, und das gleich zweimal. Wenn der Vater im Himmel uns beschenkt, dann ist er immer großzügig, ja verschwenderisch und überschwänglich. Das konnte ich hier ganz persönlich erfahren.

Am 12. Dezember 1954 kam der Tag, an

dem wir wieder nach Hannover fuhren, diesmal sogar mit einem Auto. Ein Bekannter hatte sich bereit erklärt, die Mädchen wohlbehalten in unser Heim zu holen. Ich konnte das Wunder kaum fassen, als ich die Zwillinge aus ihrem Bettchen hob und sie in meinen Armen trug. Ich wagte fast nicht, die beiden Kleinen an mein Herz zu drücken, so zart und zerbrechlich schienen sie mir. Es waren zwei wunderschöne Kinder mit schwarzem, lockigem Haar. Die Augen waren wie glänzende Perlen. Ja, ich würde diese kleinen, hilflosen Wesen dankbar von Gott annehmen, sie hegen und pflegen. Ein Baby hatte ich durch die Fehlgeburt verloren, und nun hatte ich gleich zwei Kinder in meinen Armen. Gibt es etwas Größeres in dieser Welt?

Als wir nach einer langen Autofahrt endlich zu Hause waren, legte ich die Säuglinge aufs Sofa, eins ans Kopfende und eins ans Fußende. Als unser dreijähriger Neffe kam, um unsere Kinder zu bestaunen, zog er die Decke weg und zählte: „Eins, zwei ... und wo ist das dritte?“ Wir haben herzlich lachen müssen, und ich musste denken: Na, das wäre wohl des Glücks zu viel gewesen.

Unsere erste wunderschöne Aufgabe bestand darin, dass wir für unsere beiden Lieblinge Namen aussuchten. Sabine und Annette gefielen uns sehr gut. Wir wollten mit dieser neuen Namensgebung verhindern, dass die leibliche Mutter wieder Kontakt zu ihren Kindern aufnehmen könnte, denn damit würde große Unruhe in das Leben der Mädchen kommen. Aber dennoch sollten sie früh wissen, dass wir ihre Adoptionseltern sind. So wartete ich auf eine günstige Gelegenheit.

Eines Tages war es dann so weit. Unsere Zwillinge waren fünf Jahre alt. Sie waren gerade mit ihrem Puppenhaus beschäftigt, während ich am Tisch stand und bügelte. Plötzlich hielten die Kleinen im Spiel inne und fragten mich nach Gott. Ich hatte ihnen schon viele spannende Geschichten aus der Bibel erzählt und ihnen Gebete beigebracht. Gott war ihnen vertraut. Es war gerade die Zeit des Aufstandes in Ungarn. Ich berichtete meinen Kindern vom Krieg, den auch wir in so schrecklicher Weise durchlitten hatten. Viele Kinder hatten ihre Eltern verloren oder ihre Heimat verlassen müssen. Sie waren in der Fremde umhergeirrt. So würde es jetzt den Menschen in Ungarn auch ergehen. „Mutti, dann wollen wir für die Kinder im Krieg beten", war ihre Reaktion. Nun nutzte ich die Gelegenheit, ihnen zu erzählen: „Annette und Sabine, ihr seid auch in einer notvollen Lage geboren worden. Eure richtige Mutti war in Schwierigkeiten, als sie euch unter dem Herzen trug. Sie hatte ihre Mutti und auch ihren Vati bei einem Bombenangriff verloren und wuchs als Waisenkind in einem Heim auf. Nun kamt ihr auf die Welt. Da hat eure Mutti euch beide an mich abgegeben, weil sie es allein nicht schaffen konnte, euch großzuziehen. Ich selbst war schwer krank gewesen und konnte keine eigenen Kinder bekommen. Aber ich wünschte mir so dringend ein Baby, ein hübsches kleines Mädchen oder einen Jungen.

Gott hat mich wohl zu eurer Mutti bestimmt, und so haben wir euch in Hannover aus einem Haus, wo viele Babys geboren werden, abgeholt. Nun seid ihr unsere lieben Kinder und hier ist euer Zuhause für immer. Wir sind so froh und glücklich, dass wir euch haben dürfen. Ihr seid jetzt unsere Lieblinge, unsere kleinen Schätzchen."

Das Fragen ging weiter. Unsere Fünfjährigen wollten nun wissen: „Mutti, wie haben wir denn als Babys ausgesehen? Wie groß waren wir? Hatten wir damals schon einen Lockenkopf? Mutti, wie war denn unsere erste Autotour? Was hat denn der Vati zu uns gesagt? Haben wir ihm gefallen? Hat er uns auch auf den Arm genommen und uns das Fläschchen gegeben? Hat er uns gewickelt? Woher hast du denn die vielen Windeln und Jäckchen bekommen? Du brauchtest doch doppelt so viel wie andere Muttis."

Ich erzählte so begeistert über ihre frühe Kindheit, dass das Fragen gar kein Ende nehmen wollte. Es war so, als blätterten wir in einem wunderschönen Bilderbuch ihres Lebens und entdeckten immer mehr herrliche Begebenheiten. Schließlich meinte Sabine: „Wenn ihr euch nun zwei Kinder geholt habt, dann hättet ihr auch vier nehmen können. Im Auto wäre bestimmt noch Platz gewesen. Dann hätten gleich noch zwei Kinder eine Mutti und einen Vati und ein schönes Zuhause gehabt, und dann hätten wir zu viert mit unserem Puppenhaus spielen können. Es ist ja so riesig groß."

Mir war eigentlich immer etwas bange davor gewesen, wie unsere Zwillinge es aufnehmen würden, dass wir nicht ihre leiblichen Eltern waren. Und nun hatte ich ihnen dies alles in so fröhlicher Atmosphäre erzählen können. Ich war erleichtert.

Ihre Entwicklung verlief ohne Komplikationen. Sie waren unheimlich liebenswerte Kinder voller Lebensfreude. Auch in der Schule gab es keine Schwierigkeiten. Alles lief reibungslos. Sie waren beide intelligent und konnten das Gymnasium besuchen. Nach dem Abitur nahmen beide ein Studium auf. Sabine ist Sonderschullehrerin bei geistig behinderten Kindern, und Annette ist Sozialarbeiterin. Sie arbeitet auf dem Jugendamt und betreut den Bereich Pflegekinder. Vor ein paar Jahren hat sie geheiratet und auch Zwillinge geboren, zwei Jungen. So darf ich nicht nur Mutter sein, sondern auch Großmutter und freue mich über meine beiden Enkelsöhne.

Als die Buben im ersten Schuljahr waren, schrieben sie mit ungelenker Hand: „Liebe Oma! Hoffentlich bist du noch so lange haltbar wie jetzt." Da musste ich laut lachen.

Als unsere Zwillinge 18 Jahre alt wurden, weihten wir sie in alle Tatsachen ein, die uns bekannt waren. Aber eigentlich wollten sie gar nichts weiter über ihre leiblichen Eltern wissen. Da merkten wir erneut, wie eng wir mit unseren Töchtern verbunden waren. Die Liebe hat uns zusammengeschweißt.

Sabine hat erst mit 44 Jahren wissen wollen, wer ihre leiblichen Eltern sind. Ihr Vater war aber inzwischen schon verstorben. Er hatte damals die Mutter seiner Kinder nicht heiraten können, da er schon in einer Ehe lebte. Ihre Mutter lebte noch und hat uns sogar besucht. Sie hatte nach dieser schweren Enttäuschung nie mehr geheiratet. Von Beruf ist sie Säuglingsschwester geworden.

Es war für mich schon ein spannender Augenblick, als eines Tages die leibliche Mutter ihren Besuch bei mir ankündigte. Sie bedankte sich von ganzem Herzen für alles, was ich ihren beiden Töchtern Gutes getan hatte. Ich wurde auch mit wunderbaren Geschenken überrascht. Aber es blieb bei einer lockeren Verbindung zwischen ihr und uns. Meine Töchter gewannen den Eindruck, dass ihre leibliche Mutter unter Schuldgefühlen litt. Sie führte ein sehr zurückgezogenes Leben und wurde sich gerade im Alter bewusst, wie einsam sie war, und dass sie mit der Freigabe ihrer Kinder zur Adoption auf viel Freude und Glück verzichtet hatte.

Mir aber ist unser Trauspruch in all den glücklichen, aber auch in all den schweren Jahren bedeutsam gewesen. Unsere Kinder haben ihn sogar als Konfirmationsspruch erhalten: „Herr, wohin sollen wir gehen? Du hast Worte des ewigen Lebens, und wir haben erkannt und geglaubt, dass du bist Christus, der Herr."

Gerade in der Zeit meiner Krebserkrankung, als ich ganz verzweifelt war und wusste, dass ich nie mehr eigene Kinder haben würde, habe ich zu meinem Herrn gerufen, ja geschrieen. Ich habe ihm vertraut und durfte die Erfahrung machen: Er lässt mich nicht zuschanden werden. Seine Worte sind von heilender Kraft und großem Segen.

Wenn die Todessehnsucht übermächtig wird …

Vor mir liegt ein Brief. Drei Orgelpfeifen zieren den oberen linken Rand. Sie weisen auf den Beruf des Briefschreibers hin. Er war Kantor in einer mittleren Stadt im Erzgebirge. Ich zitiere aus seinem Schreiben:

Montag den 13.4.19...
Mein lieber Vater! Meine liebe Mutter! Meine liebe Schwester! Mein lieber Bruder!
Die Angst ist über mich gekommen, und den Glauben an Gott habe ich verloren. Ich bin jetzt zu schwach, um das Leben durchzuhalten. So habe ich den Entschluss gefasst, ihm ein Ende zu setzen. Ich kann nicht auf die Stunde warten, wo ich vom Herrn gerufen werde und durch ihn von dieser Erde erlöst werde. Ich bin ein schlechter und verwerflicher Mensch und nicht wert, euer Sohn und Bruder zu sein.
Weint und trauert nicht um mich. Ich habe eure Tränen nicht verdient. Ich muss euch

nun das Schlimmste antun. Heute Nacht habe ich furchtbar gekämpft.
Ich habe euch unendlich lieb, aber nun muss ich Abschied von euch nehmen.
Gestern haben wir uns noch einmal gesehen und haben auch miteinander gesprochen.
Mit dem Gedanken des Selbstmordes habe ich mich schon länger beschäftigt. Nun ist die Stunde gekommen, dass es geschehen muss.
Der Gedanke ist schwer für mich, dass ihr einmal in der Ewigkeit leben dürft, ich aber in die Verdammnis komme.
Im Glauben an meine Musik sterbe ich.
Noch einmal erinnere ich mich an den großen Musiker Johann Sebastian Bach. Ich bin es noch nicht einmal wert, seinen Namen zu schreiben. Und doch will ich ihn ausrufen: Johann Sebastian Bach!
Grüßt alle, die mich lieb haben. Nun der letzte Gruß an euch von eurem Hans.

Dieser Abschiedsbrief wurde mir vom Bruder des Kantors zugeschickt. Ich hatte ihn auf einer Freizeit kennengelernt und er hatte mir einiges über seinen Bruder erzählt. Er war ein hochbegabter Mensch, auf musikalischem Gebiet einfach ein Genie. Von seinem Gemüt her war er sensibel und feinfühlig.

In einem Akt der Verzweiflung hat er sich das Leben genommen. Der Gedanke, Gott könne ihm nicht gnädig sein, hat ihn umgetrieben und eine starke Todessehnsucht in ihm geweckt. Auch die Angst vor der ewigen Verdammnis hat ihn zu diesem tödlichen Schritt bewegt. Die Eltern haben wohl gewusst, dass er schwer an seinem Leben litt, aber dass er zum Äußersten gehen würde, hätten sie nie vermutet. Der Schock, den diese Familie zu ertragen hatte, saß unendlich tief.

Aber wir Menschen sind nicht zum Richter über den andern gesetzt. Was wissen wir schon, wie viel Dunkelheit das Innere bedrängen kann. Uns soll trösten, dass es Gott ist, der über einen solchen Menschen das letzte Wort sprechen wird, und es wird immer ein barmherziges Wort sein. Dessen dürfen wir gewiss sein.

Die Mutter des Toten hat sich in ihrem schweren Leid durch Worte, die sie vor allem in der Bibel gefunden hat, trösten lassen und hat sie auf einem großen Bogen niedergeschrieben.

Trostworte

Meine Gedanken sind nicht eure Gedanken, und eure Wege sind nicht meine Wege, spricht der Herr; denn so viel der Himmel höher ist denn die Erde, so sind auch meine Wege höher denn eure Wege und meine Gedanken denn eure Gedanken.

Jesaja 55,8+9

Ich habe dich einen kleinen Augenblick verlassen; aber mit großer Barmherzigkeit will ich dich sammeln.

Ich habe mein Angesicht im Augenblick des Zorns ein wenig vor dir verborgen; aber mit ewiger Gnade will ich mich dein erbarmen, spricht der Herr, dein Erlöser.

Denn es sollen wohl Berge weichen und Hügel hinfallen; aber meine Gnade soll nicht von dir weichen und der Bund des Friedens soll nicht hinfallen, spricht der Herr, dein Erbarmer.

Jesaja 54,7.8+10

Ich aber ging an dir vorüber und sah dich in deinem Blut liegen und sprach zu dir, da du so in deinem Blut lagst:

Du sollst leben!
Und ich ging an dir vorüber und sah dich an; und siehe, es war die Zeit, um dich zu werben. Da breitete ich meinen Mantel über dich und bedeckte deine Blöße. Und ich gelobte dir's und begab mich mit dir in einen Bund, spricht der Herr, dass du solltest mein sein.
Und ich badete dich im Wasser und wusch dich von deinem Blut und salbte dich mit Balsam.

Hesekiel 16,6.8-9

Alles, was dir widerfährt, das leide und sei geduldig in allerlei Trübsal. Denn gleichwie das Gold durchs Feuer, also werden die, so Gott gefallen, durchs Feuer der Trübsal bewährt.

Jesus Sirach 2,4+5

Wir wollen lieber in die Hände des Herrn fallen als in die Hände der Menschen; denn seine Barmherzigkeit ist ja so groß, wie er selber ist.

Jesus Sirach 2,22+23

Wahrlich, wahrlich, ich sage euch: Wer mein Wort hört und glaubt dem, der mich gesandt hat, der hat das ewige Leben und kommt nicht ins Gericht, sondern ist vom Tode ins Leben durchgedrungen.

Johannes 5,24

Ich weiß wohl, was ich für Gedanken über euch habe, spricht der Herr, Gedanken des Friedens und nicht des Leides, dass ich euch gebe das Ende, des ihr wartet.

Jeremia 29,11

Wenn Gott das Leid sendet, wenn er unbegreifliche Ereignisse zulässt, so tut er es nicht, um zu strafen, sondern um zu helfen und zu heilen. Wenn man einen Weg findet, ihm zu vertrauen auch da, wo man ihn nicht versteht, dann ist dem leidvollsten Erleben die Bitterkeit genommen.

Dr. Le Seur

Gott wird abwischen alle Tränen von ihren Augen, und der Tod wird nicht mehr sein; denn das Erste ist vergangen.

Offenbarung 21,4

Wer glaubt, flieht nicht!

Für mich war dies eine echt schwierige Situation. Noch nie zuvor hatte ich so etwas erlebt. Ich war zu einem Frauenfrühstück in die Schweiz eingeladen worden. Dort sollte ich zum Thema „Glaubenskrisen und ihre Bewältigung“ einen Vortrag halten. Bevor ich zum Podium schritt, kam die Leiterin dieser Veranstaltung auf mich zu und bat mich: „Bitte, Frau Bormuth, sprechen Sie in Ihrem Referat mehr allgemein. Sie müssen wissen, die Frauen hier sind nicht so fromm. Von Gott und der Bibel haben sie wenig Ahnung. Auch das Gebet unterlassen Sie, bitte. Das sind unsere Frauen nicht so gewöhnt.“

Ich atmete erst einmal tief durch und war verwirrt. Was sollte ich jetzt tun? Schließlich sagte ich mir: Ich bin doch nicht über 500 Kilometer gefahren, um nur so allgemein über Probleme zu sprechen. Ich will doch mit meinem Vortrag erreichen, dass Frauen den Weg zu Gott finden und in ihren Lebenskrisen Hilfe durch das Wort der Bibel erfahren. Ich bin doch Gottes Botin und von daher letztlich ihm verantwortlich.

Das Evangelium soll ich verkündigen, das ist mein Auftrag. Jesus Christus ist unser Erretter und Erlöser. Was hilft es schon den Menschen, wenn sie über allgemeine Nöte informiert werden, aber das Allerwichtigste, wie sie mit ihrem Vater im Himmel versöhnt werden, nicht erfahren? Über Konflikte allgemeiner Art berichten doch die Medien jeden Tag, aber wo der Mensch Frieden mit Gott finden kann, berichten weder Tageszeitungen noch Fernsehdokumentationen.

Nein, meinen Vortrag wollte ich nicht abändern und hätte es auch gar nicht tun können. Die Botschaft von Jesus sollte als Schwerpunkt in meiner Rede zum Tragen kommen, wie er für uns in diese Welt geboren wurde, am Kreuz starb und durch seine Auferstehung uns das ewige Leben schenkte. Nur so können Frauen die bedeutendste Frage in ihrem Leben lösen: Wie bekomme ich einen gnädigen Gott?

Es herrschte eine atemlose Stille im Saal. Meine Zuhörerinnen waren ganz bei der Sache. Es ist ja auch ungeheuerlich, welche Hoffnung und welchen Trost uns das Evangelium geben kann. Als ich wieder auf meinem Platz saß, sagte mir eine Dame: „Frau

Bormuth, Ihnen hätte ich noch stundenlang zuhören können. Ich habe gelacht und geweint. Kommen Sie nur bald wieder. So etwas hören wir in unserer Gemeinde nicht."

Als die Veranstaltung zu Ende ging, wurde der Büchertisch regelrecht gestürmt. Ich hatte alle Hände voll zu tun, so groß war der Andrang. Ich gewann den Eindruck, als ob die Frauen jetzt schon, mitten im Sommer, Weihnachtsgeschenke kauften, denn viele von ihnen nahmen einen ganzen Stoß Bücher mit nach Hause. Auch die Leiterin, die zuvor so große Bedenken geäußert hatte, drückte mir die Hand. „Herzlichen Dank, Sie haben mir heute geholfen, das Chaos in meiner Seele zu erkennen und mir den Ausweg zu zeigen."

Als ich mich am Nachmittag auf die Heimfahrt begab, war ich glücklich. Es gibt nichts Schöneres, als die Botschaft von der Liebe Jesu zu verkünden. Sein Kreuz auf Golgatha ist das aufgerichtete Hoheitszeichen seiner Treue, wie sehr er sich den Menschen zuwendet und ihre Lasten auf sich nimmt. Die Liebe Jesu ist einzigartig und hat erneuernde Kraft. So will ich weiter mit aller Hingabe das Wort von Gott verkündigen und Menschen in die Gemeinschaft mit ihrem himmlischen Vater führen.

Vier Wochen später erreichte mich ein Brief mit folgender Adresse:

Lotte Bormuth
Telefonseelsorgerin
Marburg
Deutschland

Er trug den Vermerk: Verzögerte Zustellung wegen ungenauer Adressenangabe.

Drei Wochen hatte der Brief gebraucht, bis er in meinen Postkasten flatterte. In Auszügen zitiere ich:

Liebe Frau Bormuth!
Schön, dass Sie der Brief erreicht hat, denn ich kenne nur durch Ihre Bücher Ihren Namen und Wohnort. Beim Frauenfrühstück in unserer Stadt durfte ich Sie kennenlernen. Ihre Herzlichkeit und Liebe haben mir wohl getan. Ich habe in Ihrem Vortrag Tränen gelacht, aber auch geweint. In Ihren Ausführungen habe ich mich wiederentdeckt. Ein harter Kampf tobte in mir, bis ich Gott Recht gab und in seine Nachfolge

trat. Ich will fortan mit Gott leben. Es war ein Satz, der mich nicht mehr zur Ruhe kommen ließ: „Wer glaubt, flieht nicht!" Ich war eine Fliehende vor Gott und auch vor meinem Mann. Unsere Ehe hat vor einem Dreivierteljahr einen gewaltigen Riss bekommen. Mein Mann ist Banker. Hier in der Schweiz arbeiten ja viele in diesem Gewerbe. Durch widrige Umstände und risikoreiche Spekulationen an der Börse hat mein Mann sehr viel Geld verloren. Wir waren einmal eine reiche Familie und konnten uns viele Annehmlichkeiten leisten. Nun aber flattern fast jede Woche Briefe von Gläubigern ins Haus. Ahnen Sie, was das für mich bedeutet, so oft solch hohen Geldforderungen gegenüberzustehen? Ich zittere schon beim Anblick des Briefträgers. Der Druck lastete so schwer auf mir, dass ich entschlossen war, mit Isabella und Jens zu meiner Mutter nach Bern zu ziehen. Unser Haus würde doch sowieso bald unter den Hammer kommen. Soll doch mein Mann zusehen, wie er aus diesem Schlamassel wieder herauskommt.

Und dann hat mich bei Ihrem Vortrag der Satz getroffen: „Wer glaubt, flieht nicht!"

Ich kann jetzt nicht mehr fliehen. Ich will glauben, und deshalb habe ich mich in die Arme Gottes geworfen. Ich habe mich wieder darauf besonnen, woher mir Hilfe kommen kann. Von Gott will ich alles erwarten, so wie ich das früher schon als Teenager getan habe. Aber dann, als ich meinen Mann kennenlernte, bin ich meinem Herrn aus der Schule gelaufen. Jetzt will ich wieder zu ihm zurückkehren. Die Kraft für meine Konflikte will ich mir aus dem Evangelium und aus dem Gebet holen. Ich will auch zu meinem Mann stehen, wie ich es ihm am Altar geschworen habe. Inzwischen habe ich eine Stelle in einem Verlag angetreten und will versuchen, den Schuldenberg abzubauen. Wir brauchen jetzt jeden Franken.
Ihnen, liebe Frau Bormuth, danke ich herzlich für Ihr hilfreiches, ermutigendes Wort. Durch Ihre Rede habe ich wieder Gottes Ruf gehört und will ihm folgen.
Alles Liebe, Ihre Christine Mayer (Name ist geändert).

Lange habe ich diesen Brief in Händen gehalten. Er war mir wertvoll, sehr wertvoll sogar.

Vom Durst nach Leben

Das Buch von Dostojewski „Schuld und Sühne“ schildert uns eine Frau, die um des Geldes willen von ihrer Mutter zur Prostitution getrieben wird. Sonja, eine hübsche junge Frau, hatte zunächst versucht, sich mit ehrlicher Arbeit als Schneiderin Geld zu verdienen, aber ihre Entlohnung war eher gering. Sie erhielt nicht einmal 15 Kopeken am Tag. Keinen Augenblick konnte sie sich während der Arbeit ausruhen. Und sonst ehrbare Leute, die hoch angesehene Ämter bekleideten, wie z. B. der Staatsrat, vergaßen, ein halbes Dutzend Hemden zu bezahlen, die Sonja genäht hatte. Ja, er hatte das junge Mädchen noch beschimpft, es mit hässlichen Worten beleidigt und ihr die Hemdenkragen vor die Füße geworfen. Die Kragen säßen schief und hätten auch nicht das rechte Maß, murrte er.

Daheim hungerten die kleineren Geschwister und klagten, sie wollten Brot essen, sodass die Mutter ganz verzweifelt war. Schon länger litt sie an Schwindsucht, und auf ihren blassen Wangen hatten sich rote Flecken gebildet. Sie würde wohl nicht mehr lange leben. In ihrem Elend schrie sie Sonja, ihre Stieftochter, an: „Du bist eine Schmarotzerin, lebst hier bei uns, isst und trinkst hier, sitzt am warmen Ofen, und die Kleinen haben nichts zu beißen und zu knabbern!“ Der Vater lag wie fast immer betrunken auf der Ofenbank und hörte, wie Sonja ihn fragte: „Soll ich wirklich ein solches Leben auf dem Straßenstrich und im Bordell anfangen?“

„Warum nicht?“, hatte ihr die Stiefmutter dazwischengerufen. „Die Hauptsache ist, dass wir Geld für das tägliche Brot haben. Wozu willst du dich bewahren, als ob das Jungfrausein eine solche Kostbarkeit und Ehre wäre.“ Es stellt sich die Frage, ob man einer Mutter die Schuld in die Schuhe schieben kann, dass sie auf solche Gedanken kam. Aus purer Not, Erregung und Verzweiflung heraus waren ihr die Worte über die Lippen gekommen. Sie hatte das Weinen und Wimmern ihrer kleinen Kinder nicht mehr länger hören können und hatte nach einem Ausweg gesucht. Aber ist Prostitution ein Ausweg?

Und dann hatte Sonja ihr Tuch über die Schulter gelegt und gegen sechs Uhr abends die Wohnung verlassen. Um neun Uhr kam sie zurück, legte, ohne auch nur ein Sterbenswörtchen über die Lippen zu bringen, dreißig Silberrubel auf den Tisch, holte sich ihre Wolldecke und zog sie sich über den Kopf, sodass ihr Gesicht ganz verdeckt war. Dann warf sie sich auf ihr Bett, das Gesicht hatte sie zur Wand gekehrt. Sie zitterte am ganzen Körper, schlafen konnte sie nicht. Die Stiefmutter ging, ohne ein Wort zu reden, zu Sonjas Bett, warf sich vor sie auf die Knie und küsste ihre Füße. Lange kauerte sie so am Boden. Schließlich legte sie sich zu Sonja aufs Bett und hielt ihre Arme um das zitternde Mädchen, bis sie dann beide eingeschlafen waren.

In der Ecke aber lag der Vater noch immer stockbetrunken auf der Ofenbank. Von diesem Zeitpunkt an musste sich Sonja den gelben Ausweis ausstellen lassen, den jede Prostituierte laut Gesetz immer bei sich tragen musste. In der Wohnung durfte sie nun nicht mehr länger bleiben. Das duldete die Hauswirtin nicht. Jetzt wohnte Sonja bei einer sehr armen Familie, die nur ein Zimmer besaß, notdürftig hinter einem Bretterverschlag. Jetzt konnte Sonja nur noch abends bei Dunkelheit zu ihrer Familie kommen.

Stillschweigend legte sie dann das „dreckige" Geld auf den Tisch.

Welcher Schriftsteller könnte die traurige Situation unverschuldeter Armut und die verwerfliche Ausbeutung durch die Prostitution ergreifender darstellen?

Aber es gibt eine Heilung von solch inneren Verletzungen. Im Neuen Testament in Johannes 4 wird uns die Begegnung Jesu mit einer Frau am Jakobsbrunnen geschildert.

Einmal hielt ich in einer größeren Stadt ein Frauenfrühstück. Eine Frau suchte danach das Gespräch mit mir und schenkte mir anschließend ein Blatt, auf dem sie einige ihrer Gedanken aufgezeichnet hatte. Ich habe sie sprachlich ein wenig verbessert. Mich hat das Erleben dieser Frau sehr bewegt. „Ich bin die Frau am Jakobsbrunnen, ich bin eine Sonja", sagte sie mir.

Gedanken zu Johannes 4,5-30

Mein Weg war eine unruhige Suche, eine Suche nach dem Sinn des Lebens.
Fragen trieben mich um. Ich rang um Antworten.
Manchmal geriet ich in einen Zwiespalt hi-

nein und wusste oft gar nicht mehr, wonach ich suchte.
Die Klarheit fehlte mir.
Mich verlangte nach Geborgenheit, nach Verständnis, Wärme und Liebe.
Ich wollte auch angenommen sein. Aber ich verlor dabei die rechte Spur und blieb im Dunkel und Dickicht hängen.
Ja, ich stieß auf Unverständnis und Ablehnung.
Auf meinem Weg in der Begegnung mit Gott geriet ich ins Schleudern.
Ich war wie ein Baum ohne den tragenden Grund.
Der erste große Sturm entwurzelte mich.
Ich stürzte.
Es folgten Jahre, in denen ich mich ausgebrannt, innerlich leer und gedemütigt fühlte.
Ich war allein mit meinen beiden Kindern.
Das dritte trug ich unter dem Herzen.
Da nahm mich Gott wieder in seine Hand, behutsam und freundlich.
Er stellte meine Füße auf festen Grund.
Ganz allmählich löste sich der Nebel um mich herum auf.
Ich begriff, was mir fehlte.
Ich war wie die Frau am Jakobsbrunnen, leer, durstig und zerschlagen.

Und er, der Herr, gab mir lebendiges Wasser zum Trinken.
Christus selbst nahm sich meiner Not an.
Er schenkte mir Menschen auf den Weg, die mir halfen.
Ohne viele Worte verstanden sie mich.
Sie stellten meine Füße auf weiten Raum.
Stück für Stück erkannte ich ihn, den Gekreuzigten.
Ich erlangte Vergebung meiner Schuld.
Ein neuer Weg tat sich vor mir auf.
Ich begann ein reiches Leben mit Christus.
Heute sitze ich am Brunnen, der mir Lebenswasser gibt.
Mein Herz ist voller Freude, denn mein Suchen führte zum Ziel.
Mich dürstet immer mehr nach Gott.
Und ich trinke heilendes, sprudelndes Wasser aus seiner Quelle.
Dankbarkeit erfüllt mich und tiefes Glück, denn meine Schuld ist mir vergeben.
Ich reife unter der Gnade meines himmlischen Vaters
und bleibe für ewig sein Kind.

Frauenfrühstück in Wolperndorf

Kennen Sie Wolperndorf? Wenn nicht, dann gebe ich Ihnen die Möglichkeit, etwas sehr Wertvolles und Bedeutsames kennenzulernen, was sich dort ereignet hat.

Ich habe diesen Ort lange auf der Landkarte gesucht und habe ihn doch nicht entdecken können. Wolperndorf ist ein ganz kleines Dorf, idyllisch zwischen Raps- und Weizenfeldern gelegen. Nur 26 Höfe zählt die Gemeinde, und die Einwohnerzahl wird wohl die Hundertmarke kaum überschreiten. Es sind zumeist größere Bauernhöfe, die früher zu einer LPG (Landwirtschaftlichen Produktionsgenossenschaft) zusammengeschlossen waren. Bauer Manfred Uhlig war, wie viele andere Bauern auch, zu DDR-Zeiten enteignet worden und war dann als landwirtschaftlicher Arbeiter in seinem ehemaligen Betrieb im Viehstall beschäftigt. In seinem Haus konnte er mit Frau und Tochter wohnen bleiben. In all den Jahren, in denen er als Knecht die Kühe versorgen musste, hegte er einen großen Traum. Ob er wohl jemals wieder als freier Mensch seinen Hof würde bewirtschaften können, und ob auf seinem Anwesen das Wort von Gott verkündigt werden dürfte? Bauer Uhlig war ein frommer Mann, folgte schon viele Jahre Christus nach, sammelte drei Gebetskreise um sich und war Dirigent einer kleinen Singgruppe.

Dieser Traum hat sich auf wunderbare Weise erfüllt. Manfred Uhlig ist seit der Wende wieder stolzer Besitzer seiner Äcker. Auch das Evangelium darf auf seinem Hof verkündigt werden, denn am 3. Juni 2000 fand auf seinem Anwesen ein Frauenfrühstück statt. Das war ein großes Wagnis. Eine Christin aus der Partnergemeinde in Nördlingen hatte dem Bauern viel Mut gemacht und den Anstoß für diese missionarische Veranstaltung gegeben. Auf dem Hof steht eine große Halle, die zu seines Vaters Zeiten als Tanzsaal genutzt worden war. Manfred Uhling selbst hatte in einer Tanzkapelle mitgewirkt. Seinen Liedern, die er mit seinem Singkreis einübt, spürt man noch seine frühere Tätigkeit ab, denn er bevorzugt Melodien, die im Walzertakt komponiert sind, und wenn sie gesungen werden, gerät man leicht in einen schwingenden Rhythmus.

Zur Zeit der DDR wurde dann der Tanzsaal in eine Scheune umfunktioniert. Viele Jahre lagerte dort Stroh und Heu. Nach der Wende war diese Lagerhalle unter vielen Mühen zu einem wunderschönen Saal hergerichtet worden. Wer ihn betritt, dem bleibt nur ein Staunen. Zunächst schaffte Herr Uhlig alle Stroh- und Heuvorräte aus dieser Scheune fort. Die Schäden am Mauerwerk und am Fußboden hatte er mit freiwilligen Helfern ausgebessert. Das war ein ungeheurer Arbeitsaufwand. Die Wände wurden mit hell leuchtenden Farben angestrichen. Das Gebälk wurde restauriert und mit verschiedenen Blumenmustern kreativ gestaltet.

Als ich ankam, entdeckte ich am Scheunentor ein Betttuch, auf dem ein Vogel gemalt war, der sein Lied in den Himmel trällerte. In großen Buchstaben konnte man lesen: „Frauenfrühstück." Darunter war das Thema angegeben: „Wenn die Seele wieder singt." An der Eingangstür lud ein bunt bemaltes Schild ein: „Herzlich Willkommen!"

Überall blühten herrliche Blumen in vielen Farben. Eine Mitarbeiterin hatte die Dekoration übernommen, und sie verstand ihre Aufgabe sehr gut. An den Fenstern hatte sie

Blumenkästen mit Geranien und Petunien aufgestellt. In Zwanzig-Liter-Kannen stand frisches Birkengrün, und eine Girlande zierte die Eingangstür. Die Bühne war so hervorragend hergerichtet und über und über mit Schnittblumen dekoriert worden, dass man meinen konnte, es fände eine Preisverleihung für einen Film statt.

Vier lange Reihen von Tischen mit über hundert Stühlen waren aufgestellt worden. Eine Unternehmerin aus Nördlingen hatte die Sitzgelegenheiten gesponsert. Die Bäuerinnen hatten ein Büfett aufgebaut, wie man es sich reichhaltiger gar nicht vorstellen konnte. Es fehlte an nichts. Drei Körbe mit frisch gebackenen Brötchen und Brezeln, dazu Marmelade, Honig, Wurst, Käse und Butter waren aufgetischt worden.

Das erste Frauenfrühstück in Wolperndorf war vorbereitet. Würden sich die Frauen dazu einladen lassen? Wie viele würden kommen? Wir trafen uns zum Beten und legten diese Veranstaltung in Gottes Hände.

Und dann strömten die Gäste herbei. Mit Autos und Kleinbussen und Fahrrädern kamen die Frauen zu ihrem festtäglichen Morgen. Sie erzählten mir, wie ungewöhnlich es sei, dass sich die Leute vom Land an einem Werktag zum Frühstück trafen, wo doch sonst viel Arbeit auf sie wartete. Als wir die Menge der Teilnehmerinnen wahrnahmen, überfiel uns die Angst. Würden denn die Plätze reichen? Hatten wir genügend Kaffee gekocht und Brötchen eingekauft? 97 Frauen und drei Männer hatten in unserer Halle Platz genommen. Das war schon eine Wucht in solch einer einsamen, ländlichen Gegend. Wir staunten und waren glücklich, überglücklich sogar. Während ich meinen Vortrag hielt, herrschte große Stille. Man hätte eine Stecknadel fallen hören können. Viele Zuhörerinnen standen dem Evangelium noch fern. Manche unter ihnen hatten noch nie einen gottesdienstlichen Raum betreten. In dem Thema „Wenn die Seele wieder singt" fanden sie sich in ihren Nöten und Konflikten wieder, und einer Reihe von Frauen war das Singen und Fröhlichsein unter manch einer Belastung vergangen. Ich bot Hilfen und Lösungen vom Wort der Bibel an. Welch ein Vorrecht ist es doch, Menschen mit Jesus bekannt zu machen. Er ist unser Helfer und Erretter und versöhnt uns mit dem Vater im Himmel. Unsere Schuld muss uns nicht länger vor Gott anklagen, und in unseren Schwierigkeiten will er uns beistehen. Was sagt das Lukasevangelium von Jesus?

> *Der Geist des Herrn ist bei mir, darum, dass er mich gesalbt hat: Er hat mich gesandt, zu verkündigen das Evangelium den Armen, zu heilen die zerstoßenen Herzen, zu predigen den Gefangenen, dass sie los sein sollen, und den Blinden das Gesicht und den Zerschlagenen, dass sie frei und ledig sein sollen, und zu verkündigen das angenehme Jahr des Herrn.* (Lukas 4,18)

Diese Zusage erfüllte sich im kleinen Ort Wolperndorf. Ich kann Gott nur darüber loben.

Drei Lebensgeschichten

Das Wort, über das ich nachdenken möchte, steht in Apostelgeschichte 8,26-39:

Aber der Engel des Herrn redete zu Philippus und sprach: Steh auf und geh nach Süden auf die Straße, die von Jerusalem nach Gaza hinabführt und öde ist.
Und er stand auf und ging hin. Und siehe, ein Mann aus Äthiopien, ein Kämmerer und Mächtiger am Hof der Kandake, der Königin von Äthiopien, welcher ihren ganzen Schatz verwaltete, der war nach Jerusalem gekommen, um anzubeten.
Nun zog er wieder heim und saß auf seinem Wagen und las den Propheten Jesaja.
Der Geist aber sprach zu Philippus: Geh hin und halte dich zu diesem Wagen!
Da lief Philippus hin und hörte, dass er den Propheten Jesaja las, und fragte: Verstehst du auch, was du liest?
Er aber sprach: Wie kann ich, wenn mich nicht jemand anleitet? Und er bat Philippus, aufzusteigen und sich zu ihm zu setzen.
Der Inhalt aber der Schrift, die er las, war

dieser aus Jesaja 53,7+8: Wie ein Schaf, das zur Schlachtbank geführt wird, und wie ein Lamm, das vor seinem Scherer verstummt, so tut er seinen Mund nicht auf.
In seiner Erniedrigung wurde sein Urteil aufgehoben. Wer kann seine Nachkommen aufzählen? Denn sein Leben wird von der Erde weggenommen.
Da antwortete der Kämmerer dem Philippus und sprach: Ich bitte dich, von wem redet der Prophet das, von sich selber oder von jemand anderem?
Philippus aber tat seinen Mund auf und fing mit diesem Wort der Schrift an und predigte ihm das Evangelium von Jesus.
Und als sie auf der Straße dahin fuhren, kamen sie an ein Wasser und der Kämmerer sprach: Siehe, da ist Wasser; was hindert's, dass ich mich taufen lasse? Philippus aber sprach: Wenn du von ganzem Herzen glaubst, so kann es geschehen. Er aber antwortete und sprach: Ich glaube, dass Jesus Christus Gottes Sohn ist.
Und er ließ den Wagen halten und beide stiegen in das Wasser hinab, Philippus und der Kämmerer, und er taufte ihn.
Als sie aber aus dem Wasser heraufstiegen,

entrückte der Geist des Herrn den Philippus, und der Kämmerer sah ihn nicht mehr; er zog aber seine Straße fröhlich.

Zu meiner Lieblingslektüre gehören Biographien. Mich interessieren Lebensgeschichten von Menschen. Ich habe sogar selbst mehrere Biographien geschrieben. Sie sind sehr spannend, denn sie handeln von bedeutenden Männern und Frauen, die Großes in der Geschichte geleistet haben. Sie waren berühmt, haben vielleicht sogar den Nobelpreis erhalten, entwickelten Methoden zur Heilung von Krankheiten oder aber haben Maßstäbe im Reich Gottes gesetzt, die es wert sind, von der nachfolgenden Generation befolgt zu werden. So denke ich mit Begeisterung an Männer wie Hudson Taylor, Friedrich von Bodelschwingh, die Brüder Wilhelm und Johannes Busch, an Spurgeon, den Fürst unter den Predigern, an Frauen wie Eva von Thiele-Winckler, Christa von Viebahn, Gladys Ailward und Corrie ten Boom.

Auch in diesem Bibeltext geht es um zwei Lebensgeschichten. Die eine betrifft den Finanzbeamten aus Äthiopien, und die andere erzählt von dem Jünger Philippus.

Es gibt ein Lied von Manfred Siebald, das die Situation des Mannes aus Äthiopien beschreibt:

Manchmal frag ich leise, lohnt sich die Reise eigentlich?
Weiter, war der Weg nicht breiter, das Gewissen weiter ohne dich?
Gebe ich nicht mehr, als ich je bekomme, her?
Was bringt mir mein Glaube?
Du legst mir die Hand auf die Schulter, schaust mich an und bist einfach hier.
Gibst mir Zeit, gibst mir die Ewigkeit,
bis ich seh, dass ich nichts verlier.
Enger, ist der Weg nicht enger, ist er auch nicht länger, wie mir scheint?
Leerer, ist die Welt nicht leerer, finde ich nicht schwerer einen Freund?
Gott, du sagst, du gibst mir mehr, gabst dich selber für mich her,
bist mir ein Vater, Herr und Freund.
Du legst mir die Hand auf die Schulter, schaust mich an und bist hier.
Gibst mir Zeit, gibst mir die Ewigkeit,
bis ich seh, dass ich nichts verlier.

So kann auch dieser Mann sich zu Recht fragen: Lohnt sich die Reise? Ist die Welt nicht leerer, finde ich nicht schwerer einen Freund?

Sehnsuchtsvolle Fragen bewegen den hohen Herrn in seiner Kutsche. Denken wir nur ein wenig über sein Leben nach. Ein tiefes Sehnen musste sein Innerstes erfüllen. Er war ein Eunuch, ein Beschnittener. Man hatte ihm seine Manneswürde und seine Zeugungskraft genommen. Er war eigentlich kein richtiger Mann mehr. Damals in frühen Zeiten hatte man oft so gehandelt, wenn man sich Männer an den Königshof holte. Gerade wenn sie sich in der Nähe der Königin aufhielten, hatte man sie beschnitten, damit von ihnen keine Gefahr ausginge. Das Leben, das dieser hohe Finanzbeamte am Hof der Königin Kandake führte, war recht eingeengt. Er musste sich wie einer fühlen, der zu kurz gekommen war. Vieles blieb ihm versagt. Er konnte keine Familie gründen und Kinder zeugen. Wie oft mag er nach anderen Männern geschaut haben, die mit ihren Söhnen und Töchtern spielten oder an deren Seite eine schöne Frau spazieren ging. Natürlich hatte er auch einiges vorzuweisen, was wiederum anderen versagt geblieben war. Er nahm im Land die zweit- oder dritthöchste Stelle ein. Er genoss großes Ansehen und Vertrauen. Er verwaltete die Reichtümer der Königin und musste ein unbescholtener Beamter sein. Er durfte nicht bestechlich oder korrupt sein. Er war ein ehrenwerter Mann, mit dem Handicap, dass er zeugungsunfähig war. Eine wunderschöne Kutsche war ihm zur Verfügung gestellt worden. Das entspricht heute dem Luxus, den sich ein Geschäftsmann oder Ölmagnat leisten kann. Ihm stand eine große Dienerschaft zur Verfügung, und er durfte Reisen unternehmen, die mehrere tausend Kilometer betrugen. Gewiss, dies war auch ein sehr strapaziöses Unternehmen, denn der Kämmerer hatte es gewagt, sich bei heißen Temperaturen, schlecht ausgebauten Straßen und Wüstenstürmen auf die Reise nach Jerusalem zu begeben. Der Hofbeamte musste wohl von einer tiefen Sehnsucht nach Lebenserfüllung umgetrieben worden sein, sonst hätte er nicht diese Fahrt auf sich genommen. Vergnügen hatte er im Königreich der Kandake in Hülle und Fülle, aber er suchte nach etwas, das seinen Hunger und Durst nach Leben stillen konnte. Die Frage nach dem lebendigen, wahren Gott bewegte sein Herz, und auf der

Reise wollte er eine Antwort finden. Über ihm lag die ausgebreitete Hand Gottes, so wie wir es im Lied schon hörten:

> *Du legst mir die Hand auf die Schulter, schaust mich an und bist einfach hier. Gibst mir Zeit, gibst mir die Ewigkeit, bis ich seh, dass ich nichts verlier.*

In den südlichen Teil Ägyptens, der an Äthiopien angrenzt, waren wohl damals Juden über die Grenze gekommen und hatten vom wahren, lebendigen Gott berichtet. Er sei so ganz anders als die vielen andern Götter, an die man normalerweise in dieser Gegend glaubte. Der Kämmerer musste von diesem lebendigen Gott gehört haben und hatte sich aus diesem Grunde auf den Weg nach Jerusalem gemacht, um mehr über ihn zu erfahren. Er wollte das Fest der Christen in der Gottesstadt mitfeiern und war begeistert, als er den wunderschönen Tempel erblickte. Als Eunuch war ihm nur der Vorhof vorbehalten. In das Innerste des Tempels durfte er nicht hinein. Aber schon vom Vorhof aus das Treiben im Tempel zu beobachten, war für ihn ein großartiges Erlebnis. Sicherlich hatte er als gebildeter Mensch auch Gespräche mit den Priestern und Schriftgelehrten geführt. Er hatte auch nicht die hohe Ausgabe gescheut und hatte sich eine Schriftrolle über den Propheten Jesaja gekauft. Sie war aus wertvollem Pergament hergestellt worden. Nun saß er in der Hitze des Tages auf seiner Kutsche und las Kapitel um Kapitel. Er musste wohl ein sehr eifriger Leser gewesen sein, denn er hatte sich schon bis zum 53. Kapitel vorgearbeitet. Dies ist die Lebensgeschichte des Finanzministers aus Äthiopien.

Das Besondere daran ist, dass sie mit der Lebensgeschichte des Philippus verknüpft wird. Es ist schon eine wunderbare Fügung von Gott, dass der Heide aus Äthiopien auf den Christen aus Israel trifft. Philippus war ein für Jesus brennender Jünger, erfüllt mit dem Heiligen Geist. Er gehörte zu der aufkeimenden Jesusbewegung, in der er aktiv mitarbeitete. Sein Einsatz war von viel Mut geprägt, denn er hatte schon einige schlimme Erfahrungen und brutale Rückschläge hinnehmen müssen. Sein Mitstreiter Stephanus war dann um seines Glaubens willen gesteinigt worden. Er hatte Saulus fürchten müssen, der die Christen verfolgte und sie radikal ausrotten wollte. Die ersten Christen wurden in alle Lande zerstreut, und Saulus hatte Gefallen an ihrem Tod. Philippus war zunächst als Gemeindediakon eingesetzt worden. Später hat er selber das Evangelium verkündigt. Er durfte die große Freude miterleben, wie Menschen durch sein kraftvolles Zeugnis in die Nachfolge Christi traten. Und nun hatte Gott ihm durch einen Engel einen besonderen Auftrag erteilt. „Geh auf die einsame Straße, die von Jerusalem nach Gaza führt und auf der man normalerweise keinen Menschen trifft." Sonderbar musste ihm diese Anweisung des Engels vorgekommen sein. Er stand doch mitten in einer Erweckungsbewegung, wo Menschen sich vom Evangelium in die Nachfolge Christi hatten rufen lassen. Warum sollte er nun in eine einsame, öde Gegend gehen? Wer die Botschaft von Jesus ausbreiten will, muss auf die Plätze, in die Schulen, zu den Fabriken und Sportarenen gehen, wo sich die Menschen in Scharen treffen, und nicht in abgelegene, ferne Orte, wo sich Hase und Fuchs gute Nacht sagen. Aber er gehorchte dem Befehl des Engels, der so unmissverständlich an sein Ohr drang. Er ließ sich vom Geist Gottes führen.

Und dann geschah das Unbegreifliche. In der Mittagsglut, wo das Thermometer vielleicht 40 Grad im Schatten anzeigte, begegneten sich die zwei Lebensgeschichten. Richten wir unsere Gedanken für einen Augenblick zurück auf unsere Lebensgeschichte. Wenn wir sie erzählen müssten, welche Überschrift würden wir ihr geben? Ist sie auch so voller unbegreiflicher Dinge und Wunder? Freuen wir uns, wenn wir an sie erinnert werden, oder würden wir sie lieber im Dunkeln lassen, weil sie voller Probleme und Schwierigkeiten ist?

Vielleicht fragen Sie sich selbst: Wie sieht meine Lebensgeschichte aus? Wie habe ich Gott erlebt? Mit wem hat der Herr mich in Verbindung gebracht, damit ich Jesus Christus kennenlerne? Wo ist mir Gott auch auf notvollen, dunklen Wegen nahe gewesen? Bewegt uns die Liedzeile: „Manchmal frag ich leise: Lohnt die Reise?"

Aber in unserem Text gibt es noch eine dritte Lebensgeschichte. In wenigen Versen ist sie hier zusammengedrängt. Gerade mit dieser Lebensgeschichte befasst sich der Finanzbeamte auf seiner Reise. Kurz, aber gewaltig ist sie, und für den Mann aus

Äthiopien ist sie völlig unverständlich und paradox. Sie handelt von einem Menschen, der wie ein Lamm geschlachtet wurde und dabei noch nicht einmal seinen Mund auftat. Wie ein Schaf, das vor seinem Scherer verstummt, schwieg er vor lauter Angst. Dass ein Mensch auf solch brutale und grausame Art getötet wird, ist für den Finanzminister unfassbar. Noch nicht einmal ein Stöhnen oder ein kurzer Laut des Schmerzes war ihm über die Lippen gekommen. Unter großen Leiden und Qualen hatte dieser Mensch den Akt der Tötung über sich ergehen lassen. Und doch steht dann dieser seltsame Satz im Raum: Seine Nachkommen sind nicht zu zählen. Ein Toter, ein Ermordeter kann doch nicht so viele Nachkommen haben. Wie passt das zusammen? Er wurde so plötzlich von der Erde weggerissen und hat doch eine so bedeutsame Lebensgeschichte aufzuweisen. Es ist klar, dass der Äthiopier diese Textstelle, die zudem aus dem Zusammenhang herausgenommen wurde, nicht verstehen konnte. Es stellten sich ihm viele Fragen, als er im Propheten Jesaja las.

Aber die Lebensgeschichte Jesu Christi dringt hinein in die Lebensgeschichte des

Philippus und des Kämmerers. Und darin liegt das Wesentliche. So kann auch das Leben des Eunuchen total verändert werden. Sein Leben bekommt eine neue Zielsetzung. Die Begegnung des Finanzministers mit Philippus auf der einsamen, öden Straße hat ungeahnte Auswirkungen. Philippus erzählt dem Äthiopier von Jesus. In ihm liegt das Heil und die Rettung für uns. In Jesus Christus wird uns Gottes großes Angebot zuteil. Einer starb für uns alle, einer erlitt den Kreuzestod, damit wir mit dem Vater im Himmel ausgesöhnt leben können. Und das andere darf auch nicht verschwiegen werden. Jesus opferte nicht nur sein Blut für uns sündige Menschen, sondern ist auch auferstanden aus dem Grab und hat dem Tode die Macht genommen. Seit diesem wunderbaren Ostermorgen wissen wir: Jesus bringt uns die Auferstehung und das ewige Leben. In der Stille der einsamen Straße von Jerusalem nach Gaza ereignete sich ein großes Wunder. Mit aller Deutlichkeit konnte Philippus dem Eunuchen vom wahren lebendigen Gott berichten, und dieser wurde bereit, sich auf die Botschaft einzulassen und Jesus in sein Leben aufzunehmen. Hier begegnete der Eunuch der Lebensgeschichte des Gottessohnes. Einzigartig war sein Leben. Wie hat er die Menschen geliebt! Blinden gab er das Augenlicht wieder, Lahme konnten gehen, Aussätzige heilte er von ihrer tödlichen Krankheit, Tote erweckte er zu neuem Leben. Jesus setzte auch in seiner Bergpredigt neue Maßstäbe und wollte den Menschen zeigen, wie sie im Frieden miteinander umgehen konnten. Seine größte Tat aber war sein Kreuzestod auf Golgatha und seine Auferstehung am Ostermorgen.

Ist es nicht eine göttliche Fügung, dass der Finanzminister gerade die Rolle des Propheten Jesaja gekauft hatte und darin las? Die wichtigste Stelle der Bibel hatte er entdeckt, denn sie sprach ganz gezielt von Jesus.

Und diese Botschaft von der Erlösung ist uns Christen anvertraut. „Gehet hin in alle Welt und lehret alle Völker!" So lautet Jesu Auftrag an seine Jünger. Wir gehören mit zum Jüngerkreis und sind auch gesandt und beauftragt, das Evangelium zu verkündigen. Ob uns die Größe unserer Berufung immer so bewusst ist? Philippus war sich seiner Aufgabe gewiss. Er hörte die Botschaft des Engels und ging hin auf die Straße, die von

Jerusalem nach Gaza führte. Dort fand der Kämmerer zum neuen Leben in Gott.

Wieder muss ich an die Liedstrophe denken: *„Manchmal frag ich leise, lohnt sich denn die Reise?"* Bei Philippus hatte sie sich gelohnt, und ich weiß auch um Vortragsreisen, durch die mein Herr Menschen zu sich in seine Nachfolge rufen konnte. Ja, es lohnt sich, für Gott unterwegs zu sein. Auch die Reiselektüre, die Pergamentrolle des Propheten Jesaja, war das Beste, das der Eunuch kaufen konnte. Seine Sehnsucht wurde ihm durch die Begegnung mit Gott gestillt, und er fand heim zum Frieden mit dem wahren Gott. Nun konnte der Herr seinen Jünger wieder fortnehmen und ihm andere Aufgaben zuweisen. Die Freude an Jesus, die er durch seine Bekehrung erfahren und in seiner Taufe bekannt hatte, erfüllte sein Herz. Nun hatte der Äthiopier Hoffnung und wurde in seiner Heimat zum Zeugen für Christus. Er hatte bewirkt, dass die christliche Lehre in Äthiopien Fuß fassen konnte. Durch ihn ist eine große Kirche im Land entstanden.

Wissen wir in unserer Lebensgeschichte um solch göttliches Wirken und Tun?

Kein schöner Tag

Nein, das war heute wahrlich kein schöner, erquicklicher Morgen. Ich verstehe Anja einfach nicht. Ausgerastet ist sie, obwohl ich doch dachte, sie hätte es gelernt, ihre Gefühle und Stimmungen unter Kontrolle zu halten. Auch wenn ich weiß, wie sensibel und labil sie ist, fällt es mir schwer zu dulden, dass sie ihren Ärger und ihre Wut an mir auslässt. Energisch klopfte sie an die Tür meines Arbeitszimmers und stand, noch ehe ich Herein! rufen konnte, im Raum. Sie hielt mir 200 DM und einen Umschlag entgegen. „Mehr bezahle ich Ihnen diesen Monat nicht. Hier in diesem Brief habe ich die Mietminderung begründet. Noch immer ist der Schaden an meinem Kleiderschrank nicht repariert. Die Tür schließt nicht ganz. Das Scharnier hat sich gelockert. Ihrem Mann habe ich es schon vor einer Woche gesagt, aber er hat sich noch nicht darum gekümmert. Jetzt muss ich andere Saiten aufziehen. In diesem Haus ist ja alles chaotisch. Ich lasse so nicht mit mir umspringen!“ Heftig prasselten die Worte auf mich nieder. Anja schrie mich regelrecht an. Ich nahm das Geld und den Brief, drückte ihr beides wieder in die Hand und bat sie mit leisen Worten, aber doch unmissverständlich: „Gehen Sie bitte in Ihr Zimmer! Wenn Sie sich beruhigt haben, können wir miteinander über Ihr Problem reden. Wahrscheinlich können Sie das Scharnier mit einem Schraubenzieher selbst wieder befestigen. Dies ist nicht der rechte Ton, in dem Sie zu mir sprechen. Anschreien lasse ich mich von Ihnen nicht!" Ich wies ihr die Tür. Schimpfend stieg Anja die Treppe nach oben.

Mich hat dieser Vorfall doch sehr erregt. Ist das der Ton, in dem Christen miteinander umgehen? Später kam ihre Freundin zu mir und erzählte: „Frau Bormuth, regen Sie sich bloß nicht auf. Anjas Zorn richtet sich im Grunde gar nicht gegen Sie. Anja hat nur in einer für sie verzwickten Situation ein Ventil gebraucht, und deshalb ist sie so ausgerastet. Sie hat heute Morgen einen Brief von der Landesversicherungsanstalt erhalten, durch den ihr mitgeteilt wurde, ihr Antrag auf Frühberentung sei abgelehnt worden. Sie kennen doch Anja, bitte beruhigen Sie sich über diesen Vorfall."

Ja, ich kenne Anja. Seit zwei Jahren wohnt sie unter unserem Dach. Nach einem längeren Aufenthalt in der Nervenklinik sollte sie wieder entlassen werden. So fragte sie bei uns an, ob wir nicht ein Zimmer für sie hätten. Wir nahmen sie bei uns auf, da gerade einer unserer Söhne geheiratet hatte und sein Zimmer leer stand. Eigentlich wollte sie nur etwas für den Übergang mieten, aber inzwischen sind schon zwei Jahre vergangen. Auch wenn ich weiß, dass Anjas Spannungsbogen nicht sehr belastbar ist, ärgert mich ihr Verhalten doch maßlos. Am liebsten möchte ich ihr gehörig die Meinung sagen. In meinen Gedanken sammle ich schon die Argumente. Aber genau dies wird mir von Gott verwehrt. So nehme ich das Losungsbuch zur Hand und lese den Vers, der für den heutigen Tag angegeben ist. Da steht: *Eine linde Antwort stillt den Zorn, aber ein hartes Wort erregt Grimm* (Sprüche 15,1).

Und der dazu gehörende Lehrtext lautet: *Ein Knecht des Herrn soll nicht streitsüchtig sein, sondern freundlich gegen jedermann, im Lehren geschickt, der Böses ertragen kann und mit Sanftmut die Widerspenstigen zurechtweist* (2. Timotheus 2,24+25).

Auch das angegebene Gebet passt in meine Situation:

Herr, du hast uns ein großes Geschenk gegeben: die Sprache. Durch sie können wir vieles mitteilen und die Gemeinschaft stärken. Schenke uns heute das rechte Wort am rechten Platz.

Mir bleibt nur ein Staunen, und ich danke Gott für diese Korrektur. Das Losungswort will ich mir zu Herzen nehmen.

Zwei Tage später klopfte Anja wieder an meine Tür. Sie überreichte mir die volle Miete. Zu einer Entschuldigung fehlte ihr noch der Mut, aber sie erzählte mir von ihrem Ärger, den sie mit ihrem Versicherungsträger gehabt hatte. Damit wollte sie mich versöhnlich stimmen. Dann quittierte ich ihr, dass ich die Miete erhalten habe. Aber ich holte keinen Quittungsblock aus dem Schreibtisch, wie ich es sonst handhabe, sondern suchte eine passende, wunderschöne Spruchkarte hervor und bestätigte ihr, dass ich die Miete für September 2000 erhalten habe. Mit dem Wort auf der Spruchkarte wollte ich Anja Mut machen, neu Vertrauen zu wagen. Auf der Karte steht:

> *Wo sind wir zu Hause? Wo wir Wärme und Geborgenheit finden, wo Vertrauen zueinander herrscht, liebevolle Sorge füreinander, wo jeder für jeden ein Heim hat.*
>
> Phil Bosmans

Inzwischen hat Anja das gelockerte Scharnier selbst festgeschraubt, und der Friede im Haus ist wiederhergestellt.

Das verletzende Schweigen

Schon von weitem sah ich an Frau Täubners Gesicht, dass ihr die Petersilie verhagelt war. „Na“, sprach ich sie an, „geht es Ihnen nicht gut? Haben Sie Ärger gehabt oder sind Sie krank?“

„Ach, Frau Bormuth, ich müsste mal mit Ihnen reden. Haben Sie Zeit für mich?“

„Heute Nachmittag, während die anderen Teilnehmer meiner Freizeitgruppe aufs Nebelhorn fahren, komme ich zu Ihnen. Da haben wir viel Zeit füreinander.“

Nun saßen wir uns auf dem Balkon gegenüber. Es war ein glühend heißer Sonnentag. Aber Frau Täubner konnte sich nicht freuen. „Soll das nun unser ersehnter Urlaub sein, den wir beide so dringend brauchen? Ich hatte zu Hause einen Mordskrach mit meinem Mann. Er hat eine neue Arbeitsstelle angetreten, in der er eine führende Position verantworten muss. Er hat fast gar keine Zeit mehr für unsere Familie. Sie können sich vorstellen, wie sehr ich mich auf die Tage hier im Allgäu gefreut habe. Nun kam Jens kurz vor unserer Reise von seiner Arbeit nach Hause und erklärte mir: ‚Uta, ich bringe dich nach Oberstdorf, muss aber für zwei Tage wieder in die Firma. Das ist leider nicht zu ändern. Mein Chef ist zu einer Tagung im Ausland und ich werde ihn vertreten.' Ich bin fast ausgeflippt, als ich das hörte. Wir wohnen in der Mark Brandenburg, und Oberstdorf liegt etwa 600 km weit davon entfernt. ‚Wie stellst du dir das vor?', habe ich Jens angeschrien, ‚sprich mit deinem Chef, ein anderer soll für dich einspringen.' Mein Mann reagierte gar nicht auf meinen Einwand. Wir sind dann in aller Frühe so gegen fünf Uhr losgefahren, aber wir haben auf der langen Fahrt nicht ein Wort miteinander geredet. Sonst lotse ich meinen Mann und verfolge die Reiseroute auf dem Autoatlas. Diesmal aber saß ich neben ihm und verweigerte ihm meine Hilfe. Wir haben uns dann auch prompt auf der Autobahn verfahren und mussten 169 km zusätzlich fahren. Seit drei Tagen haben wir nicht ein einziges Wort miteinander gewechselt. Ich habe den Eindruck, mein Mann liebt mich überhaupt nicht mehr. Ich habe schon überlegt, ob es nicht besser wäre, wenn wir uns scheiden lassen. Ich bin so voller Ärger und Zorn auf ihn. Warum tut er mir das an? Er scheint nur noch für die Firma da zu sein. Nie hat er Zeit für mich. Wären wir doch bloß zu Hause geblieben. Das soll nun Urlaub sein?"

Frau Täubners Worte wurden immer lauter. Sie geriet in Rage und ich musste ihren Redeschwall unterbrechen. „Frau Täubner, Sie sind eine Christin. Verharren Sie doch nicht in Ihrem Starrsinn. Ich weiß, dass Sie sich Ihren Urlaub ganz anders vorgestellt haben, aber verstehen Sie doch auch Ihren Mann. Wahrscheinlich hätte er gar nichts an dieser Terminplanung ändern können. Er ist noch recht neu in der Firma und muss sich erst einarbeiten. Heute ist es schwer, einen guten Arbeitsplatz zu finden. Würde sich Ihr Mann stur stellen, könnte er bei seinem Chef in Misskredit geraten. Vertrauen Sie doch Ihrem Mann. Legen Sie die Wut ab. Sie bezahlen hier so viel Geld für Ihre Pension und lassen nun Tag um Tag verstreichen, ohne dass Sie etwas Schönes genießen können. Im Gegenteil, Sie vermiesen sich und auch Ihrem Mann die Ferien, und der Wert an Erholung geht verloren. Legen Sie Ihre Wut ab und kommen Sie auf den Boden der Realität zurück. Söhnen Sie sich mit Ihrem

Mann aus und erleben Sie glückliche Tage hier im Allgäu."

„Nun will ich aber doch wissen, wie Sie, Frau Bormuth, solche Anfälle von Wut und Ärger niederkämpfen. Ich will ja letztlich meinem Mann nicht gram sein, nur verstehe ich sein Handeln nicht."

„Das kann ich Ihnen sagen. Ich selbst leide zuweilen auch unter dem starrköpfigen Verhalten von Leuten. Dieses Rechten mit dem anderen ist mir nicht unbekannt. Ich weiß auch um Streit in unserer Ehe. Aber mir hat ein Wort aus dem Neuen Testament geholfen. ‚Lasset die Sonne nicht über eurem Zorn untergehen.' An diese Mahnung habe ich mich gehalten. Wir sind in unserer Ehe nie schlafen gegangen, ohne dass wir uns ausgesöhnt und uns wieder in die Augen geschaut haben. Das hat sich als hilfreich erwiesen. Nun sind wir schon über 43 Jahre verheiratet, und der Schlüssel zu diesem Glück liegt in der Bereitschaft zum Verzeihen. Ich hätte kein Vaterunser beten können, wenn ich mit meinem Mann im Streit gelegen hätte. Wie heißt es im Herrengebet? ‚Vergib uns unsere Schuld, wie auch wir vergeben unseren Schuldigern.' Vergeben ist das größte Geschenk, das uns Gott gemacht hat. Sollten wir uns durch diese wunderbare Gabe nicht auch zum Verzeihen ermutigen lassen? Warten Sie, bis Ihr Mann vom Nebelhorn heute Abend daheim ist, und dann gehen Sie auf ihn zu und reichen ihm die Hand. Und jetzt will ich noch ein Gebet für Sie sprechen und dann zum Illerursprung wandern." Wir falteten die Hände.

Es war noch vor Sonnenuntergang, als wir uns wieder beim Abendgottesdienst trafen. Freudestrahlend kam Frau Täubner auf mich zu. „Ich habe Ihren Rat befolgt, und nun ist alles wieder gut."

Ich muss nicht erwähnen, dass die folgenden Urlaubstage für beide Eheleute zu einem reichen, frohen, gemeinsamen Erleben wurden. Jetzt konnte auch die Sonne im Allgäu untergehen. Zwei Menschen hatten sich wieder gefunden.

Trouble in Nahost und in meiner Seele

Auf diesen 20. Oktober habe ich hingelebt. Fast ein ganzes Jahr hatte ich diesen Tag im Auge behalten. Ich würde nach Israel fahren, ins Land Jesu Christi. Dort wurde er geboren, dort hat er gelebt, dort wurde er ans Kreuz geschlagen, und dort ist er wieder aus dem Grab auferstanden und gen Himmel gefahren. In Shavei Zion am Mittelmeer und in Jerusalem sollte ich eine Urlaubertruppe geistlich betreuen. Auf diese Aufgabe hatte ich mich mächtig gefreut und auch tüchtig vorbereitet. Die Bibelseminare lagen in meiner Hand. Für diese Reise habe ich geworben, Prospekte verteilt und alles gut geplant. Nun rückte der Termin immer näher. Was würde ich für diese Freizeit brauchen? Kleider, Medikamente, israelisches Geld, Landkarte, Badesachen, Toilettenbeutel und meine Manuskripte. Alles lag gut geordnet im Wohnzimmer.

Aber dann kam alles ganz anders. Die Reise musste abgesagt werden. Im Heiligen Land waren Unruhen ausgebrochen. Palästinenser und Juden führten Krieg gegeneinander. Fast 200 Tote hatte es schon gegeben und mehr als 700 Verletzte. Mit Steinwürfen und Molotow-Cocktails bekämpften sich die Erzfeinde bis aufs Blut. Die Lage spitzte sich zu, als drei israelische Soldaten gelyncht wurden. Raketen wurden auf palästinensische Siedlungen abgeworfen. Ein Krieg drohte auszubrechen. Sogar in Europa wurden die Menschen von Angst erfasst. Die Mächtigen der Welt griffen ein und veranstalteten Konferenzen. Würde das Blutvergießen gestoppt werden können?

Unter dieser kriegerischen Bedrohung war es allen Verantwortlichen klar, dass diese Reise nicht stattfinden durfte. Sie wurde von einem Tag auf den anderen vom Veranstalter abgesagt.

Natürlich hatte mich diese Entscheidung traurig gemacht, auch wenn ich wusste, dass es keine andere Lösung geben konnte. Wer in ein drohendes Kriegsgebiet reist, muss entweder ein Narr sein oder ein Hassadeur. Das sah ich ein. Aber niedergeschlagen war ich doch. Ich saß an meinem Computer, konnte aber keine einzige Zeile schreiben. Ich grübelte vor mich hin. Alle meine Vorbereitungen waren vergeblich gewesen. Wehleid und Unmut kamen in mir auf. Fast zwei Stunden lang konnte ich keinen klaren Gedanken fassen. Dann aber erhob ich mich von meinem Schreibtischstuhl und sagte mir: So, jetzt ist Schluss mit der Resignation. Ich muss nach vorne blicken. Sollte ich mir nicht etwas anderes gönnen? Vielleicht eine Erholungsreise auf die Tannenhöhe im Schwarzwald zu den Aidlinger Schwestern? Dort wurde ich immer herzlich aufgenommen. Ja, nach Villingen müsste ich fahren, das würde mir sehr gut gefallen.

Aber es kam alles ganz anders. Gott selbst stellte die Weichen und erfüllte mir geheime Wünsche, die ich mir aus Zeitmangel heraus bisher nie hatte gönnen können.

Ich erhielt eine Einladung zu einer Vortragsreise in die Oberlausitz. Das ist von Marburg, wo ich wohne, bis an die polnische Grenze ein langer Weg. In Eisenach hätte ich in den Intercity umsteigen müssen, aber dazu blieben mir nur vier Minuten. Würde ich dies nicht in der Zeit schaffen, dann müsste ich zwei Stunden auf den nächsten Zug warten und ich käme erst nach neuneinhalb Stunden an meinem Reiseziel an. Mein Mann sah mein Dilemma und bot mir an, mich bis Eisenach mit dem Auto zu bringen. Das war eine gute Idee. Wir fuhren frühzeitig los. Wir wollten kein Risiko eingehen. So kamen wir schon um 9 Uhr 30 in Eisenach an. Erst um 11 Uhr fuhr der Intercity weiter.

„Lass uns doch noch auf die Wartburg gehen“, schlug ich meinem Mann vor. „Diesen Wunsch hege ich schon lange.“ So wanderten wir den Berg hinauf und genossen an diesem strahlenden Oktobermorgen die herrliche Aussicht im Reich der Vögel, wie Martin Luther sein Gefangenendomizil nannte. Ich war beeindruckt. Und während wir den steilen Berg hinaufstiegen, erinnerten wir uns an das Geschehen im Jahr 1521 bis 1522. Mein Mann erteilte mir eine Lehrstunde über die Bedeutung der Reformation. Kirchengeschichte ist nämlich eins seiner Unterrichtsfächer im Predigerseminar. Mich hat es neu dankbar gemacht, wie dieser Zwangsaufenthalt auf der Wartburg Martin Luther dazu diente, die Bibel zu übersetzen. Dies war wohl sein größtes Werk, und es ist ihm auf großartige Weise gelungen. Dadurch wurde uns Deutschen die Bibel in die Hände gelegt. Der heimlich erzwungene Aufenthalt über so viele Monate war für Martin Luther nur schwer zu verstehen. Aber dahinter verbarg sich ein guter Plan Gottes, der erst im Nachhinein für ihn begreiflich wurde.

Für mich wurde der Gang zur Wirkungsstätte des großen Theologen und Reformators zu einem tiefgreifenden Erlebnis. Um 11 Uhr 02 bestieg ich dann meinen Zug, der mich in Richtung Oberlausitz brachte. Ich lachte meinem Mann noch zu und winkte, bis wir uns nicht mehr sehen konnten. War dies nicht eine wunderbare Entschädigung für meine entgangene Reise nach Israel? Danke, Karl-Heinz!, musste ich denken, und noch lange bewegte mich die Freude, dass wir Martin Luthers Neues Testament in den Händen halten dürfen.

Eine Woche später kehrte ich wieder nach Marburg zurück. Nun hatte ich Zeit, viel Zeit sogar, die mir unvorhergesehen geschenkt worden war. 14 Tage waren noch nicht verplant. Sie standen mir frei zur Verfügung. Wie würde ich sie nutzen?

Darüber musste ich nicht lange nachdenken. Der Verlag der Francke-Buchhandlung übergab mir ein Buch mit der Anfrage, ob ich es so schnell wie möglich aus dem Englischen ins Deutsche übersetzen könnte. Der Auftrag sei dringlich. Ich blätterte in den Seiten und gewann schon beim Überfliegen den Eindruck, dass dies eine spannende und vor allem für junge Leute lehrreiche Lektüre sei. Das Buch schildert die Erfahrungen eines jüdischen Jungen, der nach Ende des Zweiten Weltkrieges aus dem KZ befreit wurde und nur noch darüber nachdachte, wie er seine Eltern und seinen Bruder finden könnte. Er begibt sich auf Zugdächern auf eine abenteuerliche Reise bis nach Warschau, wo seine Familie früher ein Haus besessen hatte, findet aber nur fremde Menschen in der Wohnung vor, die ihn zudem recht abweisend behandeln. Dov, so heißt der Junge, erinnert sich an das Versprechen, das seine Mutter ihm gab, als sie durch die Nazis von ihrem Kind getrennt wurde. Wir werden uns ganz bestimmt in Erez Zion, also in Israel, wiedersehen.

Es ist erstaunlich, welche Energie und wie viel Mut Dov aufbringt, um ins Heilige Land zu gelangen. Die Sehnsucht nach seinen Eltern setzt gewaltige Kräfte in ihm frei. In Italien besteigt er die „Aiylah“, die mit über 2000 Menschen an Bord Israel ansteuert. Aber mehr will ich über den Inhalt nicht berichten. Es lohnt sich, das Buch von Robert Elmer, das den Titel „Nächstes Jahr in Jerusalem" tragen wird, selbst in die Hand zu nehmen.

Bis in die Nächte hinein habe ich an der Übersetzung gearbeitet. Israel, das Land der Verheißung, stand mir vor Augen, ohne dass ich bekümmert war. Wenn ich auch meine Reise nach Jerusalem nicht hatte antreten dürfen, so war ich doch in Gedanken den Menschen dort im Heiligen Land sehr nah. Ich habe viel über ihr Leben und ihren Glauben erfahren. Nach knapp drei Wochen war ich stolz und glücklich zugleich, das Buch zum Druck geben zu können. Gott hatte mir wunderbar beigestanden und mir dazu noch viel Freude geschenkt.

Und da aller guten Dinge drei sind, erfuhr ich noch eine Überraschung, die mir die Enttäuschung über die entgangene Fahrt endgültig wegnahm.

Diesmal war es der Briefträger, der mir unverhofft eine Geldanweisung aushändigte. Sie kam von einer Freundin, die auf der Zahlkarte vermerkt hatte: „Für da, wo am nötigsten." Drei Hundertmarkscheine übergab mir der Postbote. Dieser Geldbetrag war so hoch und kam auch so unerwartet, dass ich nur staunen konnte. Es war nämlich kein Geburtstag, kein Weihnachten und auch sonst kein Jubiläum in Sicht.

„Für da, wo am nötigsten." Das ist eine schwäbische Redensart, und es fiel mir gar nicht schwer, sie zu befolgen. Diesmal würde ich meinen Enkeln eine Freude machen. Ich würde noch einen Hunderter drauflegen und dann jedem meiner zehn kleinen Trabanten einen wunderschönen Schlafanzug der Marke Schiesser kaufen. Warum ich gerade auf diese Idee kam, das kann ich ganz schnell erzählen. Ich hatte eine wunderbare Mutter. Wenn Ostern vorbei war, fing sie schon an, sich Gedanken über die Weihnachtsgeschenke zu machen. Sie schaute sich die Schaufenster an und beschenkte jedes Familienglied mit einem Schlafanzug. Etwas Wertvolles sollte es sein, und so wählte sie immer die Marke Schiesser. Sie kaufte die teuersten Nachthemden oder Schlafanzüge, ließ sie gleich in buntes Seidenpapier einwickeln und band selbst eine große rote Schleife darum. Für jede Familie stand dann ein

Karton mit Namen auf dem Schrank, und in der Adventszeit besuchten wir unsere Mutter und nahmen die Geschenke mit nach Hause. Einmal – es war kurz vor ihrem Tod – schaute mich Mutter mit etwas neckischem Blick an und sagte: „Ach Lotte, ich glaube, wenn ich nicht mehr am Leben bin, dann muss der Kaufmann Budschek seinen Laden in unserer kleinen Stadt schließen.“ Bei 56 Schlafanzügen, die sie jedes Jahr kaufte, wäre dies durchaus möglich gewesen.

Nun weilt meine Mutter schon drei Jahre nicht mehr unter uns. Ihre Schlafanzüge bleiben uns aber in guter Erinnerung. Neulich fragte mich unser Daniel: „Oma Lotte, könntest du uns nicht auch zu Weihnachten einen Pyjama schenken wie früher die Uroma Else? Ich hätte dringend einen nötig. Meiner ist viel zu klein geworden.“

Also würde ich mich auf den Weg begeben und für meine zehn Enkel kuschelige, warme, bunte Schlafanzüge der Marke Schiesser kaufen. Dann wäre auch der Wunsch meiner Freundin erfüllt: „Für da, wo am nötigsten.“

Nach Israel bin ich nicht gereist, aber glücklich bin ich durch all die schönen Erlebnisse geworden. Zudem habe ich noch einen geistlichen Nutzen erfahren, als ich in der Bibellese 2. Mose 13,17 entdeckte. Gott führte sein Volk nicht auf der Straße durch das Land der Feinde, denn es hätte ja sein können, dass Israel seinen Auszug aus Ägypten bereuen könnte, wenn es auf der Flucht so viel Streit sähe. So gehen meine Wünsche und Planungen nicht immer in Erfüllung, aber ich darf meinem Herrn vertrauen, dass sein Handeln für mich gut und vollkommen ist.

Großvater Mutschler

Ich möchte Ihnen von Großvater Mutschler erzählen. Gerne denke ich an ihn, und sein strahlendes Gesicht ist mir in Erinnerung geblieben. In einem Altenheim in der Nähe von Stuttgart begegnete ich ihm. Er saß mit noch einem Herrn an einem Tisch und ich wunderte mich, dass er sich nicht wie alle anderen Heimbewohner an der Salattheke bediente. Dort gab es herrliche Köstlichkeiten wie Möhrensalat, Tomatensalat, Gurkensalat, Krautsalat, Selleriesalat, Eissalat und vieles mehr. Jeden Tag wurde eine neue Vielfalt angeboten. Dem alten Herrn wurden immer besondere Schüsseln gebracht, und das hing wohl damit zusammen, dass er nicht alle Speisen vertragen konnte, so dachte ich jedenfalls. An einem Tag begrüßte ich ihn herzlich und kam auch gleich ins Gespräch mit ihm. Er lächelte mich an, und erst da entdeckte ich seinen zahnlosen Mund. Wahrscheinlich war dies der Grund, dass er sich nicht an der Salattheke bediente. Welch wunderbarer Mensch ist doch dieser Alte. Er ist so fröhlich, so zufrieden, so strahlend vor Freude. An diesem Tag hatte er auch einen besonderen Anlass, glücklich zu sein. Er feierte seinen Geburtstag. Ich gratulierte ihm mit dem wunderbaren Wort aus Jesaja 43: „Weil du in meinen Augen so wertgeachtet bist, sollst du auch herrlich sein, spricht Gott, denn ich habe dich lieb. Darum fürchte dich nicht!“ Ich wünschte ihm Gottes reichen Segen und schloss ihn in meine Arme. „Es ist schön, Sie kennenzulernen, Herr Mutschler. Wie alt werden Sie heute?“

„87 Jahre“, war seine Antwort, und er fügte auch gleich hinzu: „Mir geht es auch gut, sehr gut sogar. Schon als junger Mann fand ich zum Glauben an Jesus. Er ist mein Herr, und bei ihm bin ich gut aufgehoben. Das Gespräch mit ihm ist mir das Schönste im Leben. So bin ich zwar durch den Heimgang meiner Frau ganz allein, aber ich bin nicht einsam. Ich habe es mir schon in jungen Jahren angewöhnt, den Kontakt zu meinem Erlöser zu halten. Ich bin Frühaufsteher und brauche noch nicht einmal einen Wecker, um gegen halb fünf aus den warmen Federn zu steigen. Dann lese ich jeden Tag meine sechs Kapitel in der Bibel, denke darüber nach und bete. Eine lange Liste von Namen bringe ich vor Gott. Ich weiß, er wird sich der Menschen annehmen. Wenn ich morgens so meine Andacht gehalten habe, bin ich für den Tag gerüstet. Vom Herrn fließen mir neue Kräfte zu. Mir geht es gut. Danke, Frau Bormuth, für Ihre guten Segenswünsche. Vielleicht sehen wir uns im nächsten Jahr wieder, wenn Sie zu uns ins Heim kommen. Sollten Sie mich hier unten nicht mehr antreffen, dann begegnen wir uns sicher später im Himmel wieder. Nochmals vielen Dank für Ihre ermutigenden Andachten. Diese Woche war sehr wertvoll für uns." Mit seinem zahnlosen Mund strahlte er mich an und drückte mir die Hand.

Ob ich wohl auch so zufrieden und fröhlich meine alten Tage verbringen werde?, musste ich denken. Das Geheimnis für die innere Ausgeglichenheit und Glaubenszuversicht von Großvater Mutschler liegt in seinem vertrauten Umgang mit der Bibel und im Gebet mit seinem himmlischen Vater.

Ein Lied von Fanny Crosby kam mir in den Sinn:

Gott wird dich tragen, drum sei nicht verzagt,
treu ist der Hüter, der über dich wacht.
Stark ist der Arm, der dein Leben gelenkt,
Gott ist ein Gott, der der Seinen gedenkt.

Refrain:
Gott wird dich tragen mit Händen so lind.
Er hat dich lieb wie ein Vater sein Kind.
Das steht dem Glauben wie Felsen so fest:
Gott ist ein Gott, der uns nimmer verlässt.

Gott wird dich tragen, wenn einsam du gehst;
Gott wird dich hören, wenn weinend du flehst.
Glaub es, wie bang dir der Morgen auch graut,
Gott ist ein Gott, dem man kühnlich vertraut.

Gott wird dich tragen durch Tage der Not;
Gott wird dir beistehn in Alter und Tod.
Fest steht das Wort. Ob auch alles zerstäubt,
Gott ist ein Gott, der in Ewigkeit bleibt.

Hoffnung wird immer groß geschrieben

Aus einem Erzählbuch ist mir folgende Geschichte in Erinnerung geblieben. Sie ist mir bedeutsam geworden: Eine Mutter kam mit ihrer kranken Tochter auf dem Arm zu einem berühmten Professor. Ob er wohl ihrem Kind noch helfen kann? Wie viele Ärzte hatte sie schon aufgesucht, hatte gebangt und gehofft zugleich und war dann doch letztlich entmutigt und bedrückt wieder nach Hause gegangen. Andere Kinder konnten im Alter von drei Jahren hüpfen, laufen, springen, ihr Liebling aber konnte nicht auf die Beine kommen. Würde Martina ein Leben lang behindert bleiben und auf den Rollstuhl angewiesen sein? Von all den vorangegangenen Enttäuschungen war die Mutter müde geworden, entsetzlich müde.

Der Professor untersuchte das Kind, und dann hörte die Mutter wie aus weiter Ferne die Diagnose des Arztes: „Frau Holzinger, wir tun unser Bestes. Ich werde es mit einer neuen Methode, die in Amerika gute Fortschritte erzielt hat, probieren. Auf alle Fälle behalten wir die Kleine hier in der Klinik." Er telefonierte, und eine Krankenschwester betrat das Untersuchungszimmer. „Komm, kleiner Schatz, ich bringe dich auf die Station fünf." Sie nahm Martina auf den Arm und ging dann den langen Gang entlang zum Aufzug. Zögernd und mit schwerfälligen Schritten ging die Mutter den beiden nach. Sie fühlte sich so ausgemergelt, so leer und ohne jede Hoffnung. Als sie auf der Kinderstation ankamen, öffnete die Schwester die Tür zum Krankenzimmer. Es war ein großer, heller Raum, in dem mehrere Betten standen. Da lagen nun die kleinen Patienten in Streckverbänden und in Gipsschalen. In einer Ecke fehlten zwei Betten. Diese Kinder besuchten gerade den Unterricht in der Klinik. Sie waren Langzeitpatienten. Plötzlich ging die Tür auf. Die Mädchen kamen vom Deutschunterricht. „Sag mal, Ulrike, Hoffnung wird doch groß geschrieben?", fragte Kati. „Ja, Kati, Hoffnung wird immer groß geschrieben. Hoffnung ist nämlich ein Hauptwort."

Diese Aussage des kleinen Mädchens ist mir nicht mehr aus dem Sinn gegangen. Ich habe sie als Motto über eine Themenreihe gesetzt, die ich auf einer Freizeit in Oberstdorf hielt.

Ich gewann den Eindruck, dass viele der Teilnehmer diese Ermutigung brauchten, ich wohl zuallererst. Es war mein letzter Einsatz nach neun Monaten harter Arbeit. Ich weiß gar nicht mehr, wie viele Vorträge ich auf Frühstückstreffen, Seminaren und Frauentagungen gehalten hatte. Dies war mein letzter Dienst, und dann konnte ich Urlaub machen. Im Hause Krebs waren wir bestens untergebracht, und die Freizeit war voll belegt. Einige der Teilnehmer hatten sogar Zimmer in der Nachbarschaft beziehen müssen.

Mir ging es gesundheitlich nicht gerade gut. Mein rechtes Knie bereitete mir Kummer. Jeder Schritt schmerzte. Ach, wie sehr hatte ich mich auf die wunderschönen Spaziergänge im herrlichen Allgäu gefreut. Wer Oberstdorf kennt, weiß, wovon ich rede. Jeden Tag kann man in ein anderes Tal wandern. Auf den Wiesen blühte gerade der Löwenzahn. Die hohen Bergmassive zeigten ihre schneebedeckten Gipfel. Die Luft war rein und das Wetter so schön wie selten im Mai.

Bei den Wanderungen konnte ich die Teilnehmer sehr gut kennenlernen und manches Gespräch mit ihnen führen. Die Bänke am Wegrand luden dazu ein. Aber würde ich mitlaufen können? Das Knie war dick angeschwollen und schmerzte gewaltig.

So musste ich mir selbst das Motto vor Augen halten und mir sagen: Hoffnung wird immer groß geschrieben. Ich wollte Gott vertrauen, dass er mir Besserung schenkte.

Als ich mein Eckzimmer mit der wunderschönen Aussicht auf die Berge bezogen hatte, war dies mein erstes Gebet: „Heile du mich, Herr, so werde ich heil; hilf du mir, so ist mir geholfen." Und dann wirkte der Herr das Wunder, dass ich mit jedem Tag festere Schritte gehen konnte. Die Schmerzen ließen nach und die Schwellung nahm ab. An jedem Tag konnte ich Kilometer um Kilometer zulegen. Wie wichtig sind auf einer Freizeit gerade die Spaziergänge am Nachmittag. Ich kann durch die Gespräche das Vertrauen der Leute gewinnen, und Menschen fassen Mut, mir ihre Probleme zu erzählen. Manchmal haben wir uns auf eine Bank gesetzt und miteinander die Hände gefaltet. Die Stille in der Natur lässt uns auch vor Gott still werden.

Wie wichtig das Motto von der Hoffnung für unsere Freizeit wurde, zeigte sich in den Bibelarbeiten über den 2. Korintherbrief. Von Paulus lernten wir, wie er in der Begegnung mit dem Auferstandenen neu hoffen durfte. Auf seinen mühevollen und beschwerlichen Reisen wurde er verfolgt und geriet oft in Todesnot. Aber er ließ sich durch diese Gefahren nicht entmutigen, sondern war nur von dem einen Gedanken bewegt, wie er das Evangelium den Menschen bringen konnte. Aus ihren Irrungen und verlorenen Wegen sollten sie zu Christus finden und dort im Frieden mit ihm leben. Paulus war ein Botschafter Christi, und er war von hingebender Liebe durchdrungen. Er gründete unter heidnischen Völkern Gemeinden und lernte sagen: Wir werden nicht müde. In unser oft zerbrechliches, unansehnliches, von Schrammen und Rissen gezeichnetes Gefäß des Lebens ist uns ein großer Schatz gelegt. Jesus, der Gottessohn, will in uns wohnen. Er erneuert unser Innerstes, sodass noch nicht einmal der Tod die Gemeinschaft mit unserem Vater im Himmel aufheben kann. Der Schatz Jesu Christi bleibt uns erhalten, auch wenn unser irdenes Gefäß zerspringt, um bei diesem Bild zu bleiben. An unserem sterblichen Leib wird das Leben des Herrn Christus offenbar, sodass wir voller Gewissheit sagen können: „Leben wir, so leben wir dem Herrn, sterben wir, so sterben wir dem Herrn. Darum wir leben oder sterben, wir sind des Herrn."

Wie wurde ich gerade durch dieses Wort aus dem 1. Korintherbrief getröstet. An einem Abend sprach mich – es war schon ziemlich spät – eine jüngere Dame an. Sie hatte vor einigen Monaten erfahren, dass sie an Leukämie erkrankt war. Zweimal hatte sie schon eine Klinik aufsuchen müssen, um die Chemotherapie über sich ergehen lassen zu müssen. Und nun musste sie sich nach diesem Freizeitaufenthalt erneut in die Hände der Ärzte begeben. Sie zeigte mir ein Foto mit ihrer einst wunderschönen Haarpracht. Nun trug sie eine Perücke, und dies war noch das kleinere Übel. Sie fragte sich: Wird die Behandlung anschlagen oder muss ich sterben? Ich möchte doch noch leben. Von ihren Eltern hatte sie ein großes Vermögen geerbt und war gerade dabei, sich ein schmuckes Eigenheim zu bauen. Ob sie aber jemals darin wohnen könnte, das hing vom Blutkrebs ab.

Würden die Ärzte ihn besiegen? Oder würde sie von dieser mörderischen Krankheit besiegt werden? Nach unserem gemeinsamen Gebet drückte ich ihr fest die Hand. „Denken Sie daran; Hoffnung wird auch für Sie immer groß geschrieben, denn Hoffnung ist ein Hauptwort."

Oder ich denke an ein älteres Ehepaar. Beide hatten schon einen Herzinfarkt erlitten. Sie waren schwach geworden und ihr Gedächtnis hatte sehr abgenommen. Einmal geriet das ganze Freizeitheim in helle Aufregung. Die alte Dame kam zum Heimleiter und war entsetzt. Ihr ganzes Geld sei gestohlen worden. Überall wurde nach dem Geld gesucht. Der Kleiderschrank wurde ganz ausgeräumt und der Koffer, in dem die schmutzige Wäsche verstaut war, durchsucht. Aber nirgends war das Geld zu finden. Sollte die Polizei alarmiert werden? Noch spät am Abend lief ein Herr bis zum Illerursprung, um auf der Bank nachzusehen, ob sie vielleicht ihre Handtasche dort vergessen hatte. Ganz außer Puste kam er bei Dunkelheit zurück. Aber ohne Erfolg. Am nächsten Morgen dann fand ich das Geld. In der Gästetoilette lag die Brieftasche mit einigen

Tausendern darin. Die alte Dame war glücklich. Zum Mittagessen fand ich dann eine große Schachtel Pralinen an meinem Platz. Das war der Finderlohn, und wir ließen uns gemeinsam die Süßigkeiten schmecken. Beide Eheleute waren recht vergesslich und schwach geworden. Wie sollte es mit ihnen weitergehen? Es fiel ihnen schwer, sich zu entscheiden, ob sie in ein Altenheim gehen oder sich eine Haushälterin nehmen sollten. Körperliche Schwächen lähmen und verursachen Angst. Da bedarf es des besonderen Zuspruchs von Gott, und ich wurde an das Jesajawort erinnert: „Ja, ich will euch tragen bis ins Alter und bis ihr grau werdet. Ich will es tun, ich will heben und tragen und erretten." Bei der anschließenden Bibelarbeit sangen wir das wunderschöne Lied von Jochen Klepper:

Ja, ich will euch tragen bis zum Alter hin.
Und ihr sollt einst sagen, dass ich gnädig bin.

Dabei zwinkerte ich beiden Alten zu.

In eine besondere Not werde ich immer wieder hineingenommen, das ist die Sorge um die heranwachsenden Kinder. Eltern haben Pläne, Hoffnungen, Sehnsüchte für ihre Söhne und Töchter, müssen aber immer wieder erleben, dass sich ihre Wünsche nicht erfüllen. Wie schmerzt es Eltern, wenn die Ehen ihrer Kinder auseinanderbrechen und das Unheil seinen Lauf nimmt. Das Gespenst der Scheidung macht nicht vor den Türen der Frommen Halt. Wie viel Herzeleid, Zerstörung und Schmerz wird dadurch angerichtet. Da gilt es alte, zerbrochene Eltern wieder aufzurichten. Wer ständig auf die Trümmerhaufen sieht, muss ja schwermütig werden. Sie müssen neue Hoffnung gewinnen, dass der Allmächtige auch aus den Bruchstücken des Lebens etwas Neues aufrichten kann. Aus dem Nichts hat unser Gott die Welt wunderbar geschaffen. Kann er da nicht auch durch sein machtvolles Eingreifen die Schäden heilen, die die Sünde angerichtet hat? Solange Eltern für ihre Kinder die Hände falten, ist Hoffnung da. Kinder dürfen zu ihrem Gott zurückfinden. Martin Luther hat es treffend formuliert: „Wo nun Kinder das Evangelium nicht annehmen wollen, soll man sie deshalb nicht vernachlässigen oder gar verstoßen, sondern sie pflegen und versorgen, und sie so ansehen, als wären sie die allerbesten Christen, und ihren Glauben Gott befehlen, bis dass Gott durch uns mit seiner Gnade bekehre, welche er bekehren will."

Und noch etwas sehr Bedeutsames will ich ansprechen. Es ist für mich sehr bewegend, wenn Freizeitteilnehmer den Mut finden, ihre Schuld zu bekennen und sich nicht weiter von ihr bedrücken zu lassen. Die Vergebung ist ein großartiges Geschenk für schuldbewusste Menschen. Manchmal kann Sünde die Herzen jahrelang bekümmern. Aber der Heilige Geist macht es möglich, dass wir endlich wach werden und damit zu Jesus kommen. Sein Verzeihen ist groß, und wir dürfen ausgesöhnt mit unserem Vater im Himmel leben. Dafür hat Christus sein Leben am Kreuz geopfert, damit ich mich nicht länger mit unvergebener Schuld abplagen muss. Die Lüge, die Verbitterung, der Ehebruch, die Lieblosigkeit, der Diebstahl, der Geiz, der Neid dürfen den Frieden des Herzens nicht länger zerstören. Wer Jesus um Verzeihung gebeten hat, muss nicht mit der Angst leben: Was sage ich, wenn ich einmal vor den Richterstuhl Christi treten muss? Ich darf wissen: „Das Blut Jesu Christi wäscht mich rein von aller Sünde." „Das Alte ist vergangen, Neues ist geworden."

Wer diese Befreiung erfahren hat, atmet tief durch und weiß: Hoffnung wird immer groß geschrieben. Hoffnung ist nämlich ein Hauptwort.

Unwetter in Marienberg

Diese Geschichte ereignete sich im Erzgebirge in der Nähe von Marienberg. Ein Unwetter brach los. Noch nie zuvor hatten die Bewohner in dieser Region ein solches Unglück erlebt. Die Wasser stürzten sich in die Täler und überschwemmten große Teile der Landschaft. Kleine Bäche wurden zu reißenden Flüssen. Alles, was sich ihnen entgegenstellte, wurde fortgeschwemmt. Bahngleise, Schuppen, Häuser, Autos, Lagerhallen stürzten mit den Fluten davon. Es entstand ein Schaden von vielen Millionen Mark. Sogar ein Menschenleben war zu beklagen.

Von einer Frau hörte ich, dass sie auf dem Heimweg von ihrer Arbeit war. Plötzlich erreichten sie meterhohe Wassermassen. Ihr Auto tanzte zunächst wie eine Nussschale auf den Fluten und sank dann immer tiefer. Es wurde einfach fortgespült. Gerade noch rechtzeitig gelang es der Frau, die Tür zu öffnen und ihrem Gefängnis zu entfliehen. An dem Ast einer Weide konnte sie sich festhalten. So hing sie zwischen Himmel und Erde und schrie um Hilfe. Die Wassermassen hatten ihr fast sämtliche Kleider vom Leib gerissen.

In der Nähe hörten einige Männer ihr Rufen in Todesnot. Sie eilten zu ihr, und es gelang, ihr ein Seil zuzuwerfen. So konnte sie aus dem strömenden Wasser geborgen werden. In letzter Minute geschah die Rettung. Sie war völlig entkräftet und hätte sich nicht mehr länger am Baum festhalten können.

Ihr Auto hat sie nie wiedergesehen. Sie hatte es erst 17 Tage zuvor gekauft. Außerdem hatte sie an diesem Tag die Rente für ihre alten Eltern von der Bank abgehoben. Samt ihren Ausweispapieren wurde auch das Geld fortgeschwemmt.

Aber diese Christin bewies ein großes Gottvertrauen. Sie betete zu ihrem Herrn:

> *Lieber Vater im Himmel, du weißt, wie schwierig es ist, bis alle meine Ausweise wieder neu ausgestellt sind. Mir tut es auch leid, dass meine Eltern in diesem Monat keine Rente zur Verfügung haben. Ich bitte dich, lass doch meine Handtasche wieder gefunden werden.*

Einige Wochen waren darüber vergangen. Da stand eines Abends ein Baggerführer vor ihrem Haus. „Sind Sie Frau Schneider? Ich bringe Ihnen Ihre Handtasche wieder. Ich habe bei Aufräumarbeiten im Schlamm etwas glitzern sehen. Als ich nachschaute, zog ich diese Tasche aus dem Dreck. In den Ausweispapieren entdeckte ich Ihren Namen. Auch das Geld ist noch vorhanden. Ich denke, die Bank wird Ihnen die verschmutzten Scheine wieder umtauschen."

Da hat diese junge Frau von Herzen Gott gedankt. Aus Todesnot heraus war sie gerettet worden, und nun durfte sie sogar ihre Handtasche wieder in Händen halten. Ein Wunder war geschehen. Es war ihr zumute, als würde Jesus ihr selbst diese Worte zurufen: *Sei getrost, ich bin's, fürchte dich nicht!*

Autorenadresse:
Lotte Bormuth
Sperberweg 8a
35043 Marburg
Telefon 06421/41347